인간이라는
단 하나의 이유

인간이라는 단 하나의 이유

초판 1쇄 인쇄 2019년 6월 13일
초판 1쇄 발행 2019년 6월 20일

지은이 김지혜
펴낸이 정해종

책임편집 김지용 **편집** 강지혜
마케팅 고순화 **경영지원** 이은경
디자인 형태와내용사이 **제작** 정민인쇄

펴낸곳 ㈜파람북
출판등록 2018년 4월 30일 제2018-000126호
주소 서울특별시 마포구 양화로12길 8-9, 예현빌딩 2층
전자우편 info@parambook.co.kr **인스타그램** @param_book
페이스북 www.facebook.com/parambook/
네이버 포스트 m.post.naver.com/parambook

대표번호 (편집)02-2038-2633 (마케팅)070-4353-0561

ⓒ 김지혜, 2019

ISBN 979-11-90052-06-1 08810
책값은 뒤표지에 있습니다.

이 책(CD포함)은 저작물 저작권법에 따라 보호받는 저작물이므로 무단 전재와 복제를 금하며, 이 책 내용의 전부 또는 일부를 이용하시려면 반드시 저작권자와 ㈜파람북의 서면 동의를 받아야 합니다.
CD는 비매품이며, 수록된 음원에 대해서는 한국음악저작권협회(KOMCA)에 저작권료를 납부하였습니다.

이방인 안젤라의 낯선 듯 다정하게 살기

인간이라는
단 하나의 이유

김지혜 지음

파람북

프롤로그

인간이라는
단 하나의 이유

만 15개월에 접어든 아이를 데리고 독일에 도착했을 때가 11월. 열두 시간 꼬박 비행기를 타고 도착한 이곳은 겨울이 막 시작되려던 참이었습니다. 싸 가지고 온 것이라곤 당장 지낼 수 있을 만큼의 옷가지와 아이 장난감이 든 여행용 가방이 전부였습니다. 짐을 풀고 칼과 도마, 솥을 사고, 독일어 사전을 들고 장을 보는 것으로 낯선 이국에서의 생활은 시작되었습니다.

서울과는 완전히 다른 도시의 모습, 낯선 언어, 다른 문화. 오래된 건물들과 나무들, 사람들 사이를 걸어 다니며 저는 천천히 독일을 '구경'하기 시작했습니다. 사람을 보고도 놀라지 않고 햇볕을 쬐는 길고양이들, 200년, 300년 전에 지어진 건물들과 그 오래된 건물 안에 아직 살고 있는 사람들…. 그들은 오래된 것들을 함부로 대하지 않고 소중하게 다루고 있었습니다.

한 해, 두 해가 지나고 좋은 친구들을 알게 되면서 저는 이곳 사람들의 삶을 조금 더 깊이 들여다볼 수 있었습니다. 소박한 식탁, 화려함과는 거리가 먼 옷차림, 평범하고 소소한 일상들…. 아무리 보아도 특별할 것이 없는데, 이들은 행복해 보였습니다. 사람 사는 곳은 다 비슷할 것 같은데, 왜 이곳은 지옥이 되지 않는 것일까? 도대체 이들은 왜 행복할까? 궁금증을 품은 채 저는 이들이 바라보는 곳을 천천히 따라가 보았습니다. 그리고 그 길에서 수많은 질문과 마주하게 되었습니다. 그동안 제가 당연하다고 생각했던 것 또는 당연하지 않다고 생각했던 것들이 다른 모습으로 다가와 때론 저를 당황스럽게, 때론 슬프게, 때론 행복하게 했습니다.

10여 년이 지났지만, 아직 제가 마주했던 질문들에 대한 해답을 다 찾지는 못했습니다. 다만, 한 가지는 어렴풋이 알 것 같습니다. 다른 사람을 배려하고 다른 사람의 이야기에 귀 기울이며 타인의 고통과 행복에 무뎌지지 않고 살아갈 때 그 행복이 부메랑이 되어 다시 자기에게 돌아온다는 것을 이들은 잘 알고 있는 듯했습니다. 일면식 없이도 인간이라는 단 하나의 이유만으로 절박한 상황에 놓인 누군가에게 기댈 어깨를 내어주며 힘이 되어주는 것, 그렇게 서로가 서로에게 숨구멍이 되어주고, 난로가 되어주며 살아가는 것이 자신도 행복해질 수 있는 방법이라고 말입니다. 아마도 그즈음이었던 것 같습니다. 저 자신에 대해서, 제가 살고 있는 세상에 대해서 자꾸만 딱딱해지려는 마음이 녹기 시작하는 걸 느꼈습니다. 저는 다시 글을 쓰고 피아노를 치기 시작했습니다.

저의 독일 구경은 아직 진행 중입니다. 사실, 학생 시절 머리를 싸매고 읽었던 그 이론서보다 저는 이 구경이 훨씬 재밌고 즐겁습니다. 서로에게 난로가 되고 숨구멍이 되어주는 소소한 이야기들이 지구 반 바퀴 떨어진 여러분에게도 가닿기를, 여러분의 마음에 작은 인사라도 건넬 수 있기를 감히 바라봅니다. "꿈을 이루라는 소리가 아니야, 꾸기라도 해보라고…." 오래전 본 어느 드라마 속 대사 하나가 계속 생각이 납니다. 그게 개인의 꿈에 관한 이야기만은 아닌 것 같아서 그렇습니다. 나와 당신이 같이 행복해질 수 있는 길을 찾는 일이 그저 '하늘에 떠 있는, 가질 수도 없는, 시도조차 못 하는, 쳐다만 봐야 하는 별' 이야기가 아니라 '조금이라도 부딪치고 애를 쓰면' 우리의 냄새와 색깔을 칠할 수 있는 꿈이기를 바랍니다.

이 작은 이야기들이 책이 되어 나오기까지 많은 분의 노고가 있었습니다. 그야말로 듣보잡인 제게 같이 책을 만들어보자고 손을 내밀어준 파람북 김지용 편집자께 감사드립니다. 인간답게 산다는 게 어떤 것인지를 함께 이야기해 나가고 싶다는 말씀은 오래 여운이 남았고, 덕분에 겁 많은 제가 용기를 낼 수 있었습니다. 따뜻한 말로 모자란 글에 조언을 해준 것에 대해서도 감사드립니다. 부족한 글이 조금 더 나아질 수 있었습니다. 파람북 편집부, 디자이너, 마케터 그리고 대표님께도 아울러 감사의 말씀 전합니다. 그리고 모니터 화면에 부유하던 글자들을 아름다운 활자로 만들어주신 인쇄소 선생님께도 감사드립니다. 책은 글을 쓰는 사람만의 것이 아니라 함께 만들어 나가는 사람들 모두의 것이라는 생각이 들었습니다. 이 긴 여정을 같이 해주신 많은 분께 진심으로 감사드립니다.

블로그를 해보라며 권해준 여계숙 선배님과 버니에게 감사드립니다. 이 책이 나올 수 있었던 것은 두 분의 조언으로 만든 블로그의 힘이 컸습니다. 어떻게 해야 할지 몰라 전전긍긍하던 제게 조곤조곤 설명을 해주신 두 분께 저는 테크닉뿐만 아니라 사람이 사람을 대하는 자세도 배웠습니다. 글을 계속 써보라고 응원해준 조이한 언니, 이 안젤라 언니 두 분께도 감사드립니다. 두 분의 응원은 제게 늘 큰 힘이 되었습니다.

출판에 대해 아무것도 모르는 제가 이것저것 물어볼 때마다 한결같이 따뜻하게 이야기해준 이승희 언니에게도 진심으로 감사드립니다. 언니의 이야기는 늘 많은 생각거리를 던져주었습니다. 언니를 알게 되어서 저는 운이 참 좋은 사람이라는 생각이 듭니다. 이 책은 제가 만든 음악도 같이 묶여 있습니다. 지금까지 나온 앨범들이 CD로 만들어져 책과 같이 나오기까지 스톰프 뮤직 이수정 이사의 도움이 컸습니다. 진심으로 감사드립니다.

나이 많은 딸년의 첫 책을 기다리고 응원해주신 부모님께 이 책을 드리고 싶습니다. 두 분의 사랑으로 여기까지 왔다는 것을 꼭 말씀드리고 싶어요. '네 존재 자체가 선물'이라고 말하는 고모들, '사랑한다'는 말을 오십이 다 되어가는 조카에게 아낌없이 전하는 이모들 늘 감사합니다. 몸은 멀리 떨어져 있어도 마음으로 응원을 보내주는 친구들에게도 고맙다는 인사를 전합니다. 마지막으로 툴툴거리면서도 조용한 지지를 보내주는 남편과 태어나준 것만으로도 고마운 아들에게 고마움을 전합니다.

2019년 독일에서
김지혜

들어가기 전에

트리어,
또 하나의 고향

1

카를스루에Karlsruhe에서 어학을 마친 뒤, 남편의 학교가 트리어Trier로 정해지자 우리는 이사할 집을 둘러 보느라 틈나는 대로 트리어에 들렀다. 트리어는 2,000년의 역사를 가진, 독일에서 가장 오래된 도시다. 도시 전체가 그림책에서 바로 튀어나온 듯한 고풍스럽고 아기자기한 건물들로 가득했다. 정말 아름다웠다. 그런데 이 아름다운 도시를 걸어 다니며 집을 구하고, 이사 준비를 하는 동안 마음 한편에 슬슬 걱정이 자리하기 시작했다. 이 도시는 참으로 아름답지만, 그 내공만큼이나 나 같은 외국인에게는 그리 호락호락하지 않을 것 같았기 때문이다.

오래전 로마의 도시가 있었던 이곳엔 아직 로마의 유적이 거리 곳곳에 남아 있고, 독일 땅에 남은 로마의 흔적을 보기 위해 찾아오는 외지 사람들의 발길이 끊이지 않는다. 하지만 다른 관광 도시와는 다르게 외국인보다 지역 토박이들이 더 많이 살고 있는 곳이다. 거리를 걸을 때면 아름다운 풍경 곳곳에 박힌 투명한 벽이 느껴졌다. 풍경 너머로 다른 것들이 보이기 시작할 때 머릿속은 복잡해지기 마련이다. 이제 막 익숙해지기 시작한 카를스루에에서의 생활을 접고 낯선 곳에서 모든 걸 다시 시작해야 한다고 생각하니 두려움이 스멀스멀 밀려들었다.

2

지금 생각해보면, 처음 머물렀던 도시 카를스루에에서는 '시작하는 사람의 행운' 같은 게 따랐던 것 같다. 핸드폰도 없고, 독일어도 할 줄 몰랐던 내가 사전을 들고 헤맬 때마다 영어로 이야기하며 도와주는 사람들이 늘 있었다. 아이를 유모차에 태우고 동네를 산책하다 마주친 사람들과 인사를 하고, 이야기를 나누고 그러다 친구가 되었다. 언어는 사람과 사람이 만나 서로를 알아가고 친구가 되는 과정에서 큰 장애가 될 수 없다는 것을 나는 그때 알았다.

그렇게 2년 동안 정든 이웃들과 친구들을 두고 차마 떨어지지 않는 발걸음을 돌려 트리어에 도착했는데, 아, 동네 분위기가 냉랭했다. 먼저 인사를 해도 잘 받아주지 않는 경우가 다반사고, 웬일로 누가 말을 걸어온다 싶을 때도 "왜 이곳에 왔냐"는 날 선 질문뿐이었다. 한 달, 두 달…. 그러다 1년, 마흔의 나이가 부끄럽게 밤마다 눈물이 뚝뚝 떨어졌다. 과연 내가 이곳에서 제대로 살아갈 수 있을까? 확신이 서지 않았다. 오랜 시간 모든 것들이 불확실하기만 했다. 불안과 외로움 말고 내 옆에 남아 있는 건 아무것도 없어 보였다. 참으로 예쁜 이 도시의 모든 집과 지나가는 사람들은 내게 손을 뻗어도 만져질 것 같지 않은, 그저 하나의 풍경이었다.

3

진이 다 빠져 다시 카를스루에로, 아니면 아예 한국으로 다시 돌아가고 싶다는 생각을 하고 있을 때였다. 아들과 같은 유치원에 다니는 한 아이의 엄마가 우리를 집으로 초대했다. 뮌헨 근처의 작은 도시에서 왔다는 그녀는 좋은 아우라를 가진 친구였다. 다른 엄마들이 나와는 인사조차 제대로 하지 않으려 했던 데 비해, 나와 인사도 하고, 종종 이야기도 나누곤 했다. 별다른 이야기 없이 눈빛만으로도 이 친구가 선한 사람이라는 걸 나는 대번 느낄 수 있었다. 그런데 "오후에 애들 데리고 놀이터에 같이 가지 않겠냐"고 물어보면 늘 선약이 있다는 대답만 되풀이했다. 같이 이야기를 나눌 때면 사슴같이 큰 눈동자에 주저하고 고민하는 마음이 여과 없이 비쳤다. 동양인을 본 것도 처음이고, 이야기를 나눠보는 것도 처음이라는 그녀에게 그 정도의 망설임과 고민은 어쩌면 당연한 지도 모를 일이었다. 나는 마음이 아팠지만, 감히 그 친구를 이해하자고 생각했다.

그러던 그녀가 우리를 먼저 초대한 것이다. 우리 집 모퉁이만 돌면 갈 수 있는 한 뼘 거리의 그 집을 나는, 긴 시간을 돌고 돌아 찾아갔다.

4

그날 아이들은 어른들이 걸어낸 국경선을 가볍게 뛰어넘어 신나게 놀았다. 그러는 동안 나와 그녀는 같이 차를 마시며 그동안 서로에게 궁금했던 것들을 물으며 이야기를 나누었다. 서로의 고향에 대해서, 가족에 대해서 그리고 종교에 관한 이야기도 나눴던 것 같다. 이후 두 아이는 자주 만났다. 우리 집에 와 놀 때도 있었고, 그 집에 가 놀 때도 있었다. 그리고 저녁마다 두 아이는 창가에서 서로에게 잘 자라며 손을 흔들어주었다. 노란 집은 더 이상 우리에게 '풍경'이 아니었다.

이 도시에 와 처음에 적응하기가 무척 힘들었다는 내 이야기를 듣고 누군가 내게 이런 이야기를 해주었다.

"내가 고등학생이었을 때 선생님 한 분이 계셨는데 말이야. 이 분이 마인츠Mainz라는 도시에서 남편 직장 때문에 트리어로 이사를 와 살게 되신 거였거든. 근데 이곳에 와서 처음에는 많이 우셨다는 거야. 아는 사람 하나 없는 낯선 도시에 분위기도 싸하니까, '내가 이런 도시에 살게 되다니' 하고 많이 우셨대. 그런데 몇 년 지나 다시 마인츠로 돌아가게 되었을 때 또 한 번 많이 우셨다는 거야. 이제 이곳을 떠나게 되었다고 말이야. 재밌지 않아?"

이 도시에서 얼마를 더 머물게 될지 모르겠지만, 언젠가 이곳을 떠나게 된다면 나도 그 선생님처럼 그럴지도 모르겠다. 이곳에서 살게 되었다고 울고, 이곳을 떠나게 되었다고 울고….

인물소개
나 그리고
산소통이자 난로였던 내 친구들

안젤라Angella
나. 김지혜. 사회학을 전공했지만 뭘 배웠는지 별로 기억이 나지 않는다고 공공연히 말하고 다니는 어설픈 음악인. 남편 유학으로 얼떨결에 이민가방 하나 달랑 들고 독일에 왔다. 어린 아들이 자라면 음악 공부를 시작해보겠다고 잔뜩 기대했다가 음대 입학에 나이 제한이 있다는 사실을 뒤늦게 알고 잠시 시무룩했다. 육아와 가사로 정신없이 10년을 보냈다. 지금은 발도르프 학교에서
반주자로 일하면서 글을 쓰고 음악을 만든다. 미디어 아티스트인 남편 정호, 사춘기 호르몬을 내뿜는 아들 다니엘과 함께 살면서 고양이 '미니'를 모시고 있다. 이곳에서는 세례명 안젤라의 독일식 발음인 안젤라로 불린다.

비비아나 Bibiana

독일인들은 한 끼 식사로 빵과 소시지면 될 거라는 내 편견을 확 깨준 친구. 캠핑을 가서도 여러 향신료와 섬세한 칼질로 멋진 음식을 차려낸다. 장애가 있는 아이와 없는 아이들이 같이 지내는 통합유치원의 교사다. 한나의 베스트 프렌드. 등산을 즐기고 낯선 곳으로 여행하는 것을 좋아하며 틈틈이 리코더 연주를 하기도 한다. 남편 알렉스, 아들 막심과 살고 있다.

비올라 Viola

집 안 한가운데에 피델 카스트로의 사진을 걸어놓아 나를 깜짝 놀라게 한 친구. 베를린에서 살다가 트리어로 이사왔다. 보수적인 트리어에서 찾아보기 힘든 진보적인 정치 성향을 가졌다. 따뜻한 마음에 감수성도 풍부한데, 날카로운 이성까지 겸비한 친구. 건축 설계사이자 가수이기도 한 남편 파비안과 두 딸 로타, 요한나와 산다.

야나 Jana

독일인스럽지 않은 매우 여유로운 성격의 소유자. 깊고 따듯한 눈매를 가졌다. 매사에 긍정적이고 느긋하며, 지적이고 유머 감각도 뛰어나다. 디자이너로 일하며 늘 바쁘다. 스코틀랜드에서 온 화가인 남편 잭과 이란성 쌍둥이 딸 칼리, 아들 파스칼과 산다.

코니 Connie

네덜란드에서 온 친구. 야나 못지않게 긍정적이고 느긋하다. 룩셈부르크로 출근하는 바쁜 일상 속에서도 틈틈이 중창단에 나가고, 댄스 교실을 다니고, 그림도 그린다. 마을의 숲과 연결되는 큰 정원을 가꾸는 것도 이 친구가 즐거워하는 일 중 하나.
회색 구름이 잔뜩 낀 독일의 겨울을 힘들어하던 내게 네덜란드는 여름에도 그렇다는 말로 위로해준 친구. 늘 사람 좋은 웃음을 짓는 독일인 남편 토비아스와 두 딸 니베스, 조이와 살고 있다.

한나 Hanna

"혹시 사진 찍어줄 사람을 찾나요? 괜찮다면 내가 사진 찍어줄게요. 그다음에 우리도 좀 찍어줄래요?" 아들의 초등학교 입학식에서 한 여자가 내게 다가와 말을 걸었다. 알고 보니 그녀의 딸과 내 아들은 같은 반 친구였다. 트리어에서 나고 자란 토박이로 도움이 필요한 사람을 그냥 지나치지 못하는 성격의 소유자다. 장애가 있는 아이들이 다니는 학교에서 보조교사로 일하고 있다. 말수가 적고 수줍은 성격의 채식주의자인 남편 베른트와 딸 마리, 아들 노아, 강아지 루시와 함께 산다.

차례

004　프롤로그 **인간이라는 단 하나의 이유**
009　들어가기 전에 **트리어, 또 하나의 고향**
014　인물소개 **나 그리고 산소통이자 난로였던 내 친구들**

1장　**나 그리고 파밀리에 박Familie Park**

024　대구, 서울 그리고 코스닥
029　아들의 어린 시절, 이제 겨우 여섯 살이에요
034　화성인과의 동거
037　봄, 초록색, 아이들의 성장
041　사와로 선인장
047　라틴어 메르다
050　남편과 천문학
055　자전거 타기
059　열두 마리 토끼들
065　얼마 받아요
070　음악 창작노트1
　　　♪숨바꼭질도 하고요, 잡기 놀이도 하고요
　　　♪고양이랑 놀아요

2장 한국인과 독일인, 김지혜와 안겔라 사이에서

- 076 내가 더 이상 쓰지 않는 말들
- 081 싱글맘과 워킹맘을 대하는 독일 사회의 시선
- 088 아이가 잘 자라는 사회가 건강한 사회
- 094 인간으로 살기도 힘들다
- 099 장애를 바라보는 시선
- 107 마늘과 사우어크라우트 스프
- 114 행운의 동전
- 120 세상 어디에나 존재하는 아이히만
- 126 하나도 웃기지 않았던 오후
- 132 학교 급식 노동자, 사랑은 위를 거쳐서 간다
- 138 음악 창작노트2
  ♩별 세고 있어요

3장 독일, 이방인이 들여다본 세상

- 142 우리 사과나무, 시민 프로젝트
- 151 노는 게 공부인 독일 유치원

154	독일의 학교 그리고 사회
160	발도르프 학교 이야기
163	파업 같지 않은 파업 그리고 아트라베시아모
168	예술을 즐기는 사람들
172	반려동물과의 동행
178	베를린 홀로코스트
185	스스로 생각하지 못하는 다수
190	어디로 가세요, 낭떠러지 그 앞에 서서
200	음악 창작노트3 ♪ 네가 있어서 다행이야

4장 어깨를 부딪친 모두가 삶의 스승

206	빨간머리 앤 아주머니
210	어디로 갔을까 저 나뭇잎들은
212	선생님! 이건 있을 수 없는 일이에요
216	부활절 달걀과 연꽃들
221	처음 간 캠핑
226	말 없는 시선, 그 강렬한 메시지

232 3일간의 청소
238 일곱 소녀와 한 소년, 서로에게 스며드는 법
242 어떤 생일
248 같이 호흡 맞춰 걸어가는 법
254 그도 나도 그저 이방인이었다
261 엄마 콤트! 다섯 살 소피의 너무 예뻤던 한국말
264 시간을 관통한 씩씩하고 유쾌했던 그녀들
270 요즘 무슨 일이 제일 재밌어요
277 꽁지머리 피아니스트 미카엘
282 내 어린 친구들
289 음악 창작노트4
　　♪숲, 헨젤과 그레텔이 길을 잃었던
　　♪비가 내려요

294 에필로그 우리는 결국 모두 이방인입니다

1장
나 그리고
파밀리에 박 Familie Park

대구, 서울
그리고 코스닥

1

대구에서 대학을 졸업하고 서울로 올라간 내가 가장 많이 겪어야 했던 건 네가 뭘 할 수 있겠냐는 사람들의 시선이었다. 뭘 해도 자꾸 움츠러들게 되고 겁이 났으며, 언제부터인가 나 자신이 내게 이렇게 묻고 있었다.

"네가 뭘 할 수 있겠어?"

사람들은 '학벌'을 사람의 능력을 평가하는 것에만 쓰지 않는다. 서로 좋아서 결혼하려는 사람들을 두고 '어느 쪽이 더 아까운가' 저울질하는 데 쓰기도 한다. 결혼 전, 남편의 지인들과 함께한 자리에서였다. 남편이 화장실에 간 사이 한 사람이 내게 다가와 작은 목소리로 말했다. "난 정호가 정말 아깝다고 생각해요. 알아요?" 안다고 하기에도 모른다고 하기에도 참 난감한 질문이었다. 뭐라고 대답해야 할지 몰라 망설이는 사이 그분은 재빠르게 다음 질문을 건넸다. "미국엔 가봤어요?" 이 질문엔 확실히 대답할 수 있었다. "아니요." 내 대답을 듣고 그분은 그럴 줄 알았다는 듯 조용히 웃으며 내게 말했다.

"하긴, 대구에서 서울까지 왔으면 멀리도 온 거지. 코스닥이 뭔지는 알아요?"

머리가 멍해졌다. 미국과 대구, 서울 그리고 코스닥에 이르는, 아무리 생각해봐도 연관성을 찾아낼 수 없는 단어들이 내 머릿속을 마구 헤집고 다녔다. 그때였다. 고맙게도 남편이 화장실에서 돌아왔다. 남편을 본 그분은 환하게 웃는 얼굴로 남편에게 말했다. "정호야! 제수씨가 사람이 아주 좋아."

2

첫 음반이 한국에서 나왔을 때였다. 기획사에서 프로필을 써 달라고 했고, 나는 간단히 적어 보냈다. 그런데 회사에선 무척 난감했던 모양이다. 보통 많은 음악가의 프로필이 '어디 대학을 졸업하고, 어디에서 공부를 한(보통 유학파였다)'이라는 문장으로 소개가 시작되는데, 나는 아무것도 없었기 때문이다. 나이는 많고 스펙은 없고 게다가 외모까지 평범해서 내세울 것 하나 없는 아줌마가 무슨 배짱인지 프로필도 간단하게 적어 냈으니 답답했을 것이다.

그래도 무언가 사람들이 알 만한 큰 공연 같은 걸 한두 번은 해 봤을 것 아니냐며 다시 물었다. 어쩌다 두어 번 그런 공연을 하기는 했지만, 그건 아는 선배 대타로 한 공연이었다. 회사에는 미안했지만 원래 내 자리가 아니었던 걸 내 것으로 가져올 수는 없었다. 적지 않은 고민이 있었다. 며칠을 곰곰이 생각하다 나는 짧은 글을 적었다. 빈약하기 짝이 없는 경력 대신 내 마음을 사람들에게 전하는 것, 그게 내가 할 수 있는 유일한 일이었다.

음원 발매에 부쳐.

"난 평생 결정적 순간을 카메라로 포착하길 바랐다. 그러나 인생의 모든 순간이 결정적 순간이었다." 사진작가 앙리 카르티에 브레송의 이 한마디 때문이었는지도 모릅니다. 우산을 쓰고 처마 밑에서 뚝뚝 떨어지는 빗소리를 듣던 순간, 놀이터에서 집으로 가는 길 중간에 퍼질러 앉아 지나가던 길고양이들과 대화를 나누고, 보도블록 틈 사이로 난 작은 풀 한 포기와 이야기를 나누던 순간, 학교 마당에서 숨넘어갈 듯 웃으며 친구들과 뛰어놀던 순간, 잠자리에 들기 전 창가에 앉아 별을 세며 수다 떨던 순간, 딱히 특별하지도 화려하지도 않은, 사실 너무 평범해서 잘 기억나지도 않을 것 같은 일상의 순간들.

어쩜 먼 훗날 저는 그 순간들을 떠올리며 "그때 그 모든 순간이 나와 아이의 인생에서 가장 반짝이던 순간이었다"라고 말할지도 모르겠습니다. 이 곡들은 제 아이와 아이의 친구들을 위해 만들었습니다. 세상의 다른 아이들에게도 들려줄 수 있는 기회가 찾아와서 얼마나 기쁜지 모릅니다. 제 아이와 친구들이 즐거워했듯, 제가 아직 만나지 못한 다른 아이들도 이 음악을 들으며 잠시나마 즐겁고 행복했으면 좋겠습니다. 그리고 마음 가득히 바라봅니다. 아이들이 웃고 떠들고 뛰어다니며 바닥을 구르는 이 모든 '결정적인 순간'이 어른들의 가슴에 가닿기를요.

3

속된 말로 내 앨범은 뜨지 못했지만, 뭘 할 수 있겠냐는 한숨에서는 빠져나왔다. 아직 미국과 대구, 서울 그리고 코스닥 사이의 연관성은 찾아내지 못했지만, 내가 아는 한 인생의 모든 순간은 결정적이며 나는 매 순간 그 결정적인 순간을 즐기고 싶다. 달콤쌉싸름한 초콜릿 한 조각을 입에 넣고 메리 올리버의 책 『휘파람 부는 사람』을 들었다.

"내가 시에서 말하고자 하는 건 어느 순간 나를 쿡 찌르는 손길이다. 캠퍼스풀이 주름진 가지를 구부려 차가운 모래밭에 완벽한 원을 그릴 때나 가을에 노란 말벌이 내 손목에 내려앉았다가 꿀 묻은 접시로 옮겨 갈 때, 내 몸을 관통하는 감사의 불길이다. 그건 그리 특별할 건 없다. 무언가를 증명하지도 않는다. 하지만 나에겐 그렇게 사는 것이 빛나는 삶과 지루한 삶의 차이다. 그렇다면 그렇게 살아야 한다. 나는 걷는다. 그리고 주의 깊게 살핀다. 나는 아무것도 방해하지 않고 모든 걸 들여다본다. 그리고 집에 오면 M이 묻는다. '어땠어?' M은 늘 그렇게 묻는다. 내 대답은 항상 똑같고 자연스럽다. '놀라웠어.'"○

겨울비가 창문을 두드리며 나를 쿡 찌르고 있었다.

○ 『휘파람 부는 사람』(메리 올리버 지음, 민승남 옮김, 마음산책)

아들의 어린 시절,
이제 겨우 여섯 살이에요

<u>1</u>

아들이 아빠랑 농구 경기를 보고 왔다. 친구 한나가 아들 노아와 보러 가려고 표를 샀는데 사정이 생겨 가지 못하자 우리에게 혹시 갈 마음이 있냐고 물어온 것이다. "당근이지!" 마이클 조던이 공중에 떠 있을 수 있는 시간이 얼마나 되는지 아냐고 침 튀기면서 이야기하던 남편이야 말할 것도 없고, 얼마 전부터 농구를 시작한 아들도 흥미로워하겠지.

그런 큰 경기장에 태어나서 처음 가본 아들이 집에 와서도 흥분을 가라앉히지 못한다. "엄마! 얼마나 큰 할레Halle(경기장)였는지 알아? 우리 집보다 더 커! 시작하기 전에 담프Dampf(증기) 같은 것도 막 나와. 쉬는 시간엔 누나들이 나와서 막 춤도 춰!"

2

아들이 내게 학교에서 일어난 일들을 이야기해준다. "엄마! 오늘 야넥이 슐호프Schulhof(학교 운동장)에서 넘어져서 엘보겐Ellbogen(팔꿈치)에 브루트Blut(피)가 철철 났어. 그래서 프라우 뮬러 선생님이 약 칙칙 뿌리고 플라스터Pflaster(반창고) 붙여줬어."

하, 당최 어느 나라 말이냐.

3

하루는 아들이 학교에서 빵을 먹다 토를 하는 바람에 조퇴를 하고 집으로 왔다. 병원에 갔더니 다행히 하루 정도면 괜찮아질 거라고 해서 다음 날은 학교에 가지 않고 집에서 멀건 죽을 먹으며 지내고 있었다. 그런데 그날이 아빠 생일이라는 걸 안 아들은 선물을 준비하지 못한 게 마음에 걸렸던 모양이다.

"엄마, 우리 아직 아빠 생일선물 안 샀잖아."

"어제부터 너 아팠으니까 아빠는 다 이해하셔. 그리고 어린이가 무슨 돈이 있냐? 그냥 카드 만들어서 드리면 되지. 아빠는 그런 거 제일 좋아할걸."

"그냥 그림 같은 거 그려도 돼?"

"응."

"그런데 엄마! 그림 그리고 있는데 아빠가 와서 '뭐 하냐'고 물으면 뭐라고 해? 그냥 '아무것도 아니야' 그렇게 이야기할까?"

4

추석이라 해도 도무지 실감이 나지 않았는데, 웬일인지 그날 저녁 창가에 둥근달이 두둥 떴다. 큰 달을 발견한 아들이 흥분한 얼굴로 남편을 부른다. "아빠! 저기 창문에 큰 달이 있어요. 아빠! 빨리 오세요!" 일하느라 남편이 컴퓨터에서 눈을 떼지 못하자 아들이 한마디한다. "아빠! 일은 나중에 해도 되잖아. 근데 저 달은 지금만 볼 수 있어." 아들의 말에 꼼짝 않고 컴퓨터만 쳐다보던 남편이 일어섰다. 두 남자가 창가에 서서 오랫동안 달을 바라본다. 나중에 같이 천문대에 별을 보러 가자는 이야기도 하는 것 같다. 옛사람들 말대로 정말 한가위만 같아라.

5

초등학교° 입학을 기점으로 아들에겐 '태어나서 처음'이 많아지기 시작한다. 하루는 같은 반 친구 엠마의 생일파티에 초대받았는데 파티 장소가 수영장이란다. 아직 한 번도 수영장에 가본 적 없는 아들이 전날 밤부터 걱정하기 시작한다.

"엄마! 물이 얼마나 깊을까? 목까지? 아니면 머리 넘어서?"
"어린이들이 배우는 곳이라 그렇게 안 깊을걸?"

○ 독일의 그룬트슐레Grundschule, 즉 기초학교를 뜻한다. 1~4학년까지의 초등교육 과정에 해당된다.

기대와 걱정이 범벅된 얼굴로 수영장에 간 아들은 재미있었는지 다녀와서 또 이야기를 쏟아놓는다.

"엄마는 물이 얼마나 깊을 거라고 생각했어? 어디까지였는지 알아? 여기(가슴)까지! 로타도 수영장 처음이래. 펜야는 수영 좀 할 줄 알아. 그리고 물에 뜨게 해주는 커다란 판에 올라가서 발을 흔드니까 앞으로 막 가. 근데 에밀리가 그만하라고 막 소리쳤어."

"왜?"

"물이 에밀리 쪽으로 튀었거든."

"친구가 싫다고 하면 다른 방향을 찾아서 가지 그랬어."

"그거 방향 바꾸는 게 무지 어려워. 앞으로는 잘 갈 수 있는데 뒤로 가는 건 힘들어."

6

그렇게 수영을 배우러 다니는 아들. 일주일에 한 번 40분씩, 그렇게 열 번을 가면 최소한 개헤엄은 배워 올 수 있다는 게 다른 엄마들의 이야기였다. 엠마의 생일파티 때 수영장에 가보긴 했지만, 아무것도 잡지 않은 채 팔뚝에 작은 튜브만 끼고 물속에 들어가니 아무래도 조금은 긴장이 되었던 모양이다. 그래도 선생님이 자상하고 친절하게 가르쳐주셔서 조금씩 앞으로 나가보기는 한다.

"내일 토요일이니까 숙제는 오늘 안 할 거야." 집에 오니 긴장도 풀리고 좀 놀고 싶었는데, 하다가 만 숙제를 마무리해야 한다는 생각이 들자 갑자기 울컥한 모양이다. 엄마, 아빠가 늘 '숙제는 끝내고 놀아라'라고 이야기하는 걸 아는 아들이 미리 제 의견을 강하게 내민다. 그러다 제풀에 눈물이 나고 결국 아빠에게 꾸지람까지 듣고 만다. 울면서 이야기하거나 떼쓰는 일은 엄마, 아빠가 절대 들어주지 않는다는 걸 알면서, 으이구.

숙제를 끝내고 레고로 자동차를 만들며 다시 원기를 회복한 아들은 저녁을 준비하느라 부엌에 있던 내게 와 말을 건다.

"엄마! 뭐 보여줄까?"

"뭐?"

"이런 것도 할 수 있어. 봐봐!"

입을 오물거리더니 침으로 작은 방울을 하나 만들어 입 밖으로 삐죽 내민다. 웃음이 터질 것 같은데 간신히 참고 "그런 것도 해?" 하고 말해줬더니 자랑스러운 표정을 짓는다. 침으로 '침방울'을 만드는 제 능력이 마냥 신기하고 자랑스러운 나이, 만 여섯 살. 물속에 들어가 허우적거리기도 하고 꾸지람도 듣고 침방울도 만들고, 그렇게 여섯 살의 하루가 또 채워지는구나.

화성인과의
동거

며칠 아팠다. 열까지 나는 감기는 참으로 오랜만이었다. 아들이 파닥파닥 뛰어다니는 소리, 지나가는 사람들이 이야기하는 소리, 까르르 웃는 소리, 가끔 지나가는 자동차 소리. 이 모든 것이 꿈결같이 멀리서 들려왔다. 누워 있다 보니 마음속에 적어놓았던 '하고 싶은 일'의 순서가 달라진다. 이것도 해야지, 저것도 해야지 하고 욕심내었던 일들은 우선순위에서 밀려나고, 그저 다시 툭툭 털고 일어나 밥을 지어 아이와 같이 식탁에 앉아 먹고 싶고, 잠들기 전 아이의 머리를 쓰다듬고 싶은, 딱히 새로울 것 없는 일상들이 하고 싶은 일의 1순위로 올라왔다.

맨날 이걸 잊어버린다. 이렇게 한 번씩 대책 없이 아프고 나면 그제야 '아, 맞아' 하고 다시 떠올린다. 살면서 가장 중요한 일이 무엇인가를 잊지 않기 위해 한 번씩 감기 몸살을 앓으며 복습을 하는 건지도 모르겠다.

"엄마! 괜찮아?"

파닥파닥 뛰어다니다 내게 와 종알거리는 아들의 목소리를 듣고 잠에서 깼다. 커튼을 올리고 창으로 들어오는 밝은 빛을 맞아들였다. 무언가를 먹고 싶다는 생각이 들 만큼 정신이 들자 나는 남편을 불렀다. 밥을 하기는커녕 걸을 힘도 없어서 남편에게 장 좀 봐오라고 목록을 적어주었다. 남편은 머리가 참으로 비상한 사람이지만 평범한 일상에 관한 한 바닥을 헤맨다.

종이에 '양송이'라고 적은 내게 "그게 어떻게 생긴 거지?" 하고 물을 때 살짝 불안하긴 했는데, 불안한 예감은 늘 틀리지 않는 법인지 대파를 사오랬더니 실파를 사오고, 복숭아 통조림이 먹고 싶다고 했는데 배 통조림을 사왔다.

"뭐, 얼핏 보니 복숭아랑 비슷하긴 하네."

통조림통을 들고 이리저리 돌려 보며 중얼거리는 내게 남편은 놀란 눈으로 물었다.

"뭐?"

"여기 비르네Birne(배)라고 적혀 있잖아."

"아…."

내게 약간 미안했는지 살 게 있다며 슈퍼에 다시 간 남편은 콜라와 함께 통조림을 또 사왔다.

"두 통 사왔어. 하나는 지금 먹고, 이따가 하나 더 먹든지 해."

남편은 의기양양한 목소리로 말했다. 어깨에 힘도 좀 들어간 듯 보였다. 남편이 건네준 통조림을 들여다보았다. 거기엔 이렇게 적혀 있었다. '아프리코젠Aprikosen(살구).' 이것도 얼핏 보니 복숭아랑 비슷하게 보이긴 했다. 나는 복숭아로 신분이 세탁된 살구를 달게 먹었다. 화성인이 지구의 식물 종자를 어떻게 다 알겠는가? 개밥, 고양이밥 코너에서 헤매지 않은 것만으로도 무척 고맙다. 낯선 행성에서의 생활에 익숙해지기까지는 적어도 백만 년 정도 걸릴지도 모른다. 다른 행성에서 온 그가 지구에서의 생활에 익숙해질 때까지 격려해주기로 마음먹었다.

"복숭아가 맛있네…."

나는 큰 소리로 말했다. 리처드 파인먼, 스티븐 호킹 그리고 마이클 잭슨과 같은 고향에서 온 화성인이 웃었다. 우주의 평화가 느껴졌다.

봄, 초록색,
아이들의 성장

1

아들이 초등학교에 입학하자마자 바로 깨달았다. 독일어를 아들보다 한 1년만 앞서가자 했는데…. 젠장, 같이 냅다 달리게 생겼다.

2

오늘 처음으로 아들과 같이 극장에 갔다. 독일에 와서 극장에 가 보는 건 나도 처음. 팝콘을 하나 사 들고 앉아 있자니 만감이 교차한다. 내가 아들과 함께 영화관에 있다니!

3

아들이 유치원생이던 시절, 초록색 애벌레 모양의 머리빗을 하나 가지고 있었다. 이제 더는 그것으로 머리 빗는 일은 없을 것 같아 얼마 전 아들의 친구 로타가 놀러 왔을 때 동생 요한나에게 갖다 주라고 건네주었다. 아들의 하굣길에 비올라를 만나 이야기를 나누다 헤어지려는데, 차에 올라탄 요한나가 그 애벌레 빗을 내게 보여주더니 머리 빗는 시늉을 한다.

"저거 받은 이후로 손에서 놓질 않아. 굉장히 좋아해."

"그래? 다행이네."

나는 요한나의 머리를 쓰다듬어주었다.

"언젠가 저 애벌레는 나비가 되겠지?"

차 문을 닫으며 비올라가 한쪽 눈을 찡긋하며 말했다.

그러게…. 언젠가 저 애벌레는 나비가 되어 날아가겠지. 그리고 아이들도 커서 우리 곁을 떠나겠지. 나는 비올라의 빨간 자동차가 떠나는 뒷모습을 바라보았다. 그리고 뒤돌아보며 손을 흔드는 요한나에게 같이 손을 흔들어주었다.

4

"엄마! 오늘 우리 게디히트Gedicht(시) 적었어." 아들이 책가방에서 종이 한 장을 꺼내 보여주었다. 학교에서 '시'를 배웠다는 것이다. 선생님은 아이들에게 시에 대해 설명해주고, 마음에 드는 색 한 가지를 선택해서 그 색을 보면 떠오르는 것을 시로 적어보게 하였다. 단, 여덟 단어 이내로 표현해야 한다는 조건이 있었다. 아들은 초록색을 선택했다.

「풀밭」 부드러워라. 나는 풀밭 위를 거니네.
「Der Rasen」 Es ist weich Ich laufe im Rasen.

"엄마! 엠마는 무슨 색깔 골랐는지 알아?"
"글쎄…."
"엠마는 빨간색을 골랐어. 그리고 이렇게 적었어. '빨간색은 농담이다.'"
"진짜 웃긴다."
"엄마! 진짜 웃기지?"
보드라운 풀들이 올라오고, 아들이 시를 쓰고, 엠마가 쓴 시를 보고 아들이 즐거워하고, 아들의 시에 내 가슴이 설레고…, 봄은 또 이렇게 보드라운 풀처럼, 빨간 농담처럼 슬쩍 내 곁에 와 서 있다.

<u>5</u>

가방을 내게 맡기더니 아들이 학교 마당을 휙 가로지르며 바람처럼 달려간다. 동에 번쩍, 서에 번쩍 까르르 웃으며 뛰어다니는 아들을 보며 비올라에게 말했다.
"다니엘이 학교에 입학할 때만 해도 저렇지 않았거든. 조용조용 걸어 다니고, 시끄럽게 소리 지르는 거 딱 싫어하고…. 근데 지금은 걸어 다니지를 않아. 저렇게 쉬지도 않고 뛰어다녀. 장난도 어찌나 잘 치는지, 이제 완전 장난꾸러기가 다 되었어!"

안 그래도 큰 눈을 더 동그랗게 뜬 비올라가 내 얼굴을 바라보며 말했다.

"멋지지 않니? 나는 그것 참 멋진 일인 것 같아."

이런 게 멋지다고 느끼는 친구가 있다는 것, 그것도 참 멋진 일이다.

사와로
선인장

1

적지 않은 시간이 지났다. 독일에 올 때 생후 15개월이었던 아들은 이제 학교에 다닌다. 강산이 변할 만큼은 아니지만, 짧지 않은 그 시간 동안 난 늘 '차렷' 자세였다. 다른 가족도 친척도 오래된 친구도 없는 이곳에서 혹 내가 아프거나 다치게 되면 아들을 돌봐줄 사람이 없다는 사실이, 그리고 '외국인'인 만큼 더더욱 처신을 잘해야 한다는 생각이 항상 나를 긴장하게 만들었다.

겉보기엔 평온하고, 조용하며 느슨해 보이기까지 한 일상이지만, 머릿속에서는 끊임없이 톡톡톡톡 키보드를 두드리듯 생각들이 써졌다 지워졌다. 그렇게 쉬지 않고 정렬되고 있었다.

'이 상황에선 어떻게 하지?' '이렇게 표현하는 건 예의에 어긋나는 건가?' '이건 옳은 건가?' 매번 외국인 친구들이 "너무 깍듯하게 그러지 마라, 그렇게 안 해도 된다"라고 주의 아닌 주의를 주는 데도 내 자신에 대한 검열은 한국에 있을 때보다 더 엄격해질 수밖에 없었다.

그런데 그 오랫동안 유지해온 '차렷' 자세 때문에 머리에 쥐라도 난 걸까? 오늘은 웬일인지 냉장고에 처박혀 있는 맥주 한 병을 꺼내고 싶었다. 그래 봤자 몇 모금 못 마시고, 남은 맥주가 아깝다고 궁시렁거리게 되겠지만, 하루 정도는 내게 이런 호사를 선물하고 싶다는 생각이 들었다. 차가운 맥주를 한 모금 들이키니 엄마 얼굴도, 보고 싶은 친구들의 얼굴도 떠오른다. 가끔, 다행히도 아주 가끔 오늘처럼 외롭다는 생각이 들 때면 나는 모래시계를 거꾸로 세워 놓듯, 그 '외롭다'는 생각을 거꾸로 돌려놓고 그 속에서 뚝뚝 떨어지는 지나간 시간을 가만히 들여다본다.

외로워? 그럼 서울에 있을 때는 안 외로웠나? 전투 같은 일상 속에선 KTX로 한 시간 반이면 갈 수 있는 친정집도 결코 가까운 거리가 아니었다. 그래서 난 늘 엄마가 그리웠고, 때론 내 찌질하고 후줄근한 모습도 치부도 모두 드러내놓고 욕을 하고, 가끔은 위안을 받고 싶었던 친구들 역시 아쉽게도 물리적으로 먼 거리에 있었다. 자신의 이야기를 들어줄 친구 하나만 있어도 정신과 의사는 필요 없을 거라던 소설 속 한 구절이 절실하게 다가왔던 것도 그때 아니었던가?

이곳에서 나는 몇 글자 안 되는 짧은 글이지만 보고 싶은 사람들의 안부를 물을 마음의 여유가 생겼고, 언어의 장벽 따위는 우습게 여기고 마음을 열어준 소중한 친구들도 만났다. 마음이 유연하지 못해서 친해지고 싶었던 사람들에게 제대로 다가가지 못했던, 좋은 사람들을 옆에 두고도 외로웠던 그 시간에 비하면 아이를 낳고 아이를 통해 조금은 마음이 말랑말랑해진 지금이 오히려 외롭지 않은 것 아닌가?

오랜만에 마시는 맥주가 달고, 또 고맙게도 내 위가 잘 견뎌줘서 '한잔 더 할까' 하는 찰나 '에취' 하는 기침 소리가 들린다. 며칠 가을 날씨처럼 다시 쌀쌀해지더니 방 안이 좀 추웠나? 방으로 가 걷어찬 이불을 다시 아들에게 덮어주고 곤히 잠든 아이의 손을 가만히 잡아본다.

일을 하고 사람들을 만나 술 한잔하며 수다 떠는 것 말고도 다른 기쁨과 즐거움이 인생에 있을 수 있다는 걸 내게 가르쳐준 아이. 나도 몰랐던 내 모습을 끄집어내어 거울처럼 보여주는 아이. 그렇게 끊임없이 내 마음을 무장해제시키는 아이. 키가 훌쩍 컸다 했는데 이렇게 자는 모습은 아직 아기다. 맥주의 단맛은 거짓말같이 사라지고 그냥 이렇게 마냥 있고 싶어진다. 다니엘! 네 기침 한 번은 그 어떤 알람시계보다 강력하구나.

2

아들과 같이 『선인장 호텔』이란 책을 읽었다. "읽고 싶은 책이 있으면 가져와, 읽어줄게" 하고 이야기하면 아들은 책장 앞에 서서 이것저것 살피다 마음에 드는 책을 골라오곤 하는데, 오늘은 사와로 선인장에 관한 책이었다.

미대륙 사막에서 자란다는 이 선인장은 오랜 시간을 견뎌 꽃을 피운 뒤 자신의 꽃과 맛난 열매를 새들에게 나누어주고 보금자리도 제공해준다. 그러고는 200년이란 긴 시간의 생을 마감하고 땅에 쓰러진다. 선인장 꼭대기 펜트하우스에 살던 새들은 미련 없이 새로운 보금자리를 찾아 떠나고, 지네나 뱀 같은 낮은 곳에 사는 동물들이 쓰러진 사와로 선인장에 찾아와 집을 짓는다. 시간이 지나면 그나마 남아 있던 앙상하게 마른 몸과 가시들도 조금씩 바람에 흩어지고, 그는 조용히 다시 흙으로 돌아간다.

"엄마! 사람은 사와로 선인장처럼 오래 살 수 있어?"

"아니, 길어 봤자 100년밖에 못 살아. 사람이든 동물이든 나무든 언젠가는 다 죽어. 그리고 흙으로 돌아가는 거야."

"그럼 엄마도 언젠가는 죽어?"

"응."

언젠가는 죽기 마련인 '사람과 동물, 나무'에 엄마도 포함된다는 사실을 언뜻 받아들이기 쉽지 않았나 보다. 나를 바라보는 아들의 눈동자에 언뜻 다음 말을 잊지 못하는 내가 보였다.

나는 임신이 쉽지 않았다. 스물여덟 결혼할 때 내가 세웠던 인생 계획은 간단했다. 서른쯤 아이를 낳고 아이 옆에 껌처럼 찰싹

달라붙어 있다가, 아이가 만 세 살이 되어 어린이집에 가게 되면 그때 내 일을 다시 시작하는 것. 그런데 3년, 5년…. 시간이 지나도 아이는 내게 오지 않았다. 마음을 놓아버리자 하던 7년째에 몸이 이상했다. '설마' 하면서 테스트를 해보았는데 양성 반응이었고 믿을 수 없었다. 다음 날 아침, 약국으로 달려가 각각 다른 세 회사의 제품을 사서 매일 아침 테스트를 했다. 세 번째 테스트에서도 양성 반응이 나온 날, 나는 욕실 바닥에 털썩 주저앉았다. 그리고 끝도 없이 울었다. 그렇게 거짓말처럼 아이는 내게로 왔다.

"근데, 다니엘! 엄마는 죽어도 죽는 게 아니야."

"왜?"

"너 여기 턱, 엄마 닮았다. 그리고 속눈썹도 엄마 닮았다. 그렇게 네 속에 엄마가 조금씩 들어 있으니까 엄마는 죽어도 죽는 게 아니지."

아들에게 말을 하는데 눈물이 나오려고 했다. 끝이 보이지 않는 동굴 속에서 더듬더듬 손으로 벽을 짚으며 아직 출구를 찾아 나가고 있는 나와 남편의 상황이 머릿속에 뱅뱅 맴돌고 있었는데, 갑자기 그 모든 게 사와로 사막의 모래 같다는 생각이 들었다. 거짓말처럼 와준 아이 덕분에 인간에게 딱 한 번 허락되는 이승에서의 소풍이 즐겁고, 거기다 영원불멸의 티켓까지 얻었으니 이만하면 꽤 괜찮은 인생 아닌가.

"하암, 하품을 했더니 눈물이 나오네?"

나는 조금 과장된 억양으로 졸려 죽겠다는 듯 눈물을 훔치며 아들에게 말했다. 아들은 잠시 내 얼굴을 쳐다보더니 아무 말 없이 내 손을 잡아주었다. 아, 이제 내 어설픈 연기는 안 통하는구나.
　아이의 성장이 눈부셔서 내 무능함이 답답해서 나는 오후 내내 하품을 해댔다.

라틴어
메르다

남편이 내게 중고 아이폰을 사다 준 건 2년 전쯤이었다. 그전까지 썼던 핸드폰은 딱 통화와 문자만 되는 국보급 핸드폰이었다. 기계치이기도 하고 새로운 기계에 대한 호기심도 없어서 그다지 불편할 게 없었는데, 딱 하나 곤란한 게 있었다. 발도르프 학교에서 같이 일하는 선생님 한 분이 수업 내용에 관한 이야기를 꼭 핸드폰 메시지로 보냈다. 다른 분들은 이메일을 사용하는데, 이 분은 꼭 핸드폰으로만 길게 메시지를 보내서 나도 늘 핸드폰으로 길게 답을 보내야 했다.

내 국보급 핸드폰으로 문자를 보내려면 알파벳 하나당 자판을 세 번은 눌러야 했고, 편지 한 통쯤 되는 메시지를 보내려면 그야말로 눈물겹게 천만 번쯤 자판을 눌러대야 했다. 한 번은 또 수업 내용을 길―게 써서 보냈길래 안경까지 벗어던지고 전투적으로 길—게 답장을 쓰고 있었는데, 그만 마지막에 자판 하나를 잘못 눌러 메시지를 통째로 날리고 말았다. 손가락 끝에서 연기가 날 지경이었는데, 이걸 다시 할 생각을 하니 혼이 연기처럼 빠져나가는 것 같았다. 망연자실한 표정으로 앉아 있는 내 얼굴을 본 남편이 작은 소리로 중얼거렸다.

"이제 그건 안 되겠다."

그리고 며칠이 지나 나는 중고 아이폰 하나를 갖게 되었다.

얼마 전 집을 나서다 손에 들고 있던 핸드폰을 그만 길에 떨어뜨리고 말았다. 그나마 보도블록이었으면 괜찮았을 텐데, 운수 좋은 날이 꼭 그렇듯이, 핸드폰은 무쇠로 된 하수구 뚜껑에 보란 듯이 떨어졌다. 깨알같이 부서진 핸드폰 액정이 다이아몬드처럼 반짝거리고 있었다. 나같이 없이 사는 사람에겐 이것도 엄청난 큰일이다. 정말 입에서 쌍욕이 나올 것만 같았는데, 그때 아들이 학교에서 배워온 라틴어 욕이 생각났다.

"얘들아, 그렇게 욕이 하고 싶으면 라틴어로 하렴" 하고 선생님이 가르쳐주었다는 라틴어의 '시발', '메르다Merda'는 전혀 시발스럽지 않은 데다 언뜻 들으면 프랑스어의 '메르시Merci'처럼 '고맙다'고 말하는 것 같기도 했다. 깨진 액정을 바라보면서 나는 우아하게 중얼거렸다. "이런 메르다, 메르다 같으니라고…"

며칠 후, 손재주가 비상하게 좋은 남편이 무언가를 인터넷으로 주문하더니 깨알같이 부서졌던 내 핸드폰 액정을 깨끗하게 원상

복귀시켰다. 새로운 버전의 아이폰으로 업그레이드할 기회가 내 인생에 발을 들여놓으려던 찰나였는데, 그럴 틈 같은 건 없었다. 나는 조용히 또 중얼거렸다.

"메르시나 메르다나…."

남편과
천문학

1

남편과 연애할 때였다. 한 번은 같이 일하던 선배들에게 목소리가 가성이라며 놀림을 받았다. 가성인 목소리는 내가 가진 백만 스물한 가지 콤플렉스 중 하나인데, 사람들에게 시시때때로 놀림을 받곤 해서 그러려니 하고 넘어갈 수 있는 문제였다. 그런데 그날은 그다지 심하게 놀린 것도 아니었는데 다른 안 좋은 일과 겹쳐, 남자친구였던 남편을 만나 데이트를 할 때 설움이 폭발한 것이다.

눈물을 뚝뚝 흘리는 내게 남편은 무슨 일이냐고 물었고, 나는 그날 있었던 일을 이야기했다. 보통 여자친구가 이런 이야기를 하면 남자친구는 대개 "누가 그랬어?" 하며 그녀의 감정에 공감을 표하며 화난 척하거나 "내가 그 사람들 혼내줄게"라며 공수표를 남발할 것 같은데, 남편은 반응이 사뭇 달랐다.

"지혜야! 발성 연습하자."

"응?"

맥주를 마시며 훌쩍거리고 있는 내게 남편이 말했다.

"발성 연습하자고. 배에 힘주고 약간 큰 소리로 '아!' 해봐."

웃기는 건 내가 정말 했다는 거다. 눈물이 범벅인 채로 맥주를 마시다가.

2

트리어 대학에서 잠깐 피아노 연주를 하게 되었다. 리허설하는 내 모습을 본 남편이 사진을 찍어 페이스북에 올렸다. 평소에 내 사진을 찍어주지도 않을뿐더러 태그까지 달아 내 모습을 페이스북에 올리는 일은 결코 하지 않는데, 이 인간이 웬일인가 싶기도 했고 기분도 좋았다. 나는 괜스레 남편에게 가서 슬쩍 물어보았다.

"이 사진 너무 할머니처럼 보이지 않아?"

남편은 내 이야기를 듣더니 또 여느 남편들과는 사뭇 다른 반응을 보였다.

"그래? 그럼 지우지, 뭐."

그러고는 정말로 사진을 지웠다. 잠시 고민하다가 나는 남편에게 문자를 보냈다. "혹시 다음에 내가 또 당신한테 '나 할머니처럼 보이지 않아?' 하고 물으면 '아니, 괜찮아. 그렇게 안 보여'라고 이야기해줘." 화성과 금성 사이의 거리가 느껴졌다. 시속으로 달려서는 평생 도달하지 못할 거리.

3

남편은 오타쿠다. '애니메이션 캐릭터랑 결혼했어요' 정도로는 명함도 못 내민다. 남편은 전방위 오타쿠기 때문이다. 그러니까 일, 취미 생활, 음식, 사람 등 일상의 자잘한 취향까지 꽂히면 한동안 그것만 하고, 그것만 읽고, 그것만 먹고, 그 사람만 만난다. 그렇게 무언가에 빠지면 미친 듯이 그 대상에만 집중하는데 기간이 정해져 있다.

이번에는 남편이 에스프레소에 꽂혔다. 아메리카노는 물이나 다름없다는 둥, 옛날엔 이탈리아에서 에스프레소를 약으로 썼다는 둥, 에스프레소에 관한 예찬을 펼치기 시작하더니 급기야 에스프레소 기계까지 샀다.

유학생 신분엔 살짝 부담되는 가격이었으나, 남편을 잘 아는 나로서는 사지 말라고 할 수 없었다. 남편은 그야말로 하루가 멀다 하고 에스프레소를 마셨다. 에스프레소 기계도 애지중지 다루었고, 에스프레소에 대한 예찬도 거르지 않았으며, 무엇보다 그 독한 에스프레소를 하루에도 몇 잔씩 마셔댔다.

그러기를 2년쯤, 하루는 남편이 에스프레소 마시는 의식을 거르는 것이다.

"왜 안 마셔? 기계가 고장났어?"

궁금해서 남편에게 물었다. 그러자 남편은 손사래를 치며 고개를 저었다.

"아니, 아니…. 이제 안 마셔."

며칠 뒤 나는 남편이 그토록 애지중지하던 에스프레소 기계가 종이와 비닐로 꽁꽁 쌓인 채 지붕 밑 창고에 올려지는 걸 보았다. 연애 기간 2년, 신혼 6개월. 나한테 꽂혀서 미친 듯이 잘해주던 시간이 딱 2년 하고도 6개월이었다. 그래도 내가 에스프레소 기계보다는 유통기한이 6개월 더 긴 셈이다. 위로가 된다, 아주.

4

아들을 낳기 전 남편과 내가 서로 약속한 게 있다. 나나 남편이 어릴 때 하고 싶었는데 하지 못했던 일들을 아이에게 절대 강요하지 않기였다. 그게 내게는 음악이었고 남편에게는 천문학이었다. 그런데 어느 날, 남편이 아들에게 천문학에 관한 이야기를 야금야금 꺼내는 것이다.

"반칙 아니야? 강요 안 하기로 했잖아. 그런데 은근한 강요 같아 보이네?"

내 이야기를 듣던 남편이 말했다.

"천문학을 알면 사람이 절대 거만해질 수가 없어. 이 넓은 우주에서 지구가 얼마나 작은 점에 불과한지, 그 점 같은 지구에 사는 인간은 또 얼마나 작은지, 그걸 알면 사람이 거만해질 수가 없어."

남편의 말에 더 이상 태클을 걸지 않았다. 아들은 아빠가 들려주는 별 이야기를 정말 좋아했다.

얼마 전 남편이 뮌헨 디자인포럼에 가 뮌헨의 저녁 풍경을 찍어 보내왔다. 남편이 만든 앱이 연동된 사진이었다. 그 앱은 자기가 찍는 풍경 위에 태양계Solar System가 떠오르도록 설계되어 있는데, 사진 속 뮌헨의 고즈넉한 저녁 풍경 위로 작고 파란 지구와 다른 별들과 행성이 떠 있었다. 남편은 자신이 꿈꾸었던 천문학을 이렇게 작품 속에 녹여내고 있었다. 망원경을 들고 별을 바라보는 일을 업으로 삼지는 못했지만, 아마 남편은 자기만의 망원경으로 별들과 행성을 바라보겠지. 여느 천문학자들과는 사뭇 다르게.

자전거
타기

독일의 아이들은 걸음마를 시작하면서 바로 자전거에 앉는다. 세발자전거로 시작하는 아이들도 있지만, 라우프라트Laufrad°로 자전거 타기를 시작하는 경우가 많다. 라우프라트는 바퀴가 두 개 달린 자전거인데 페달이 달려 있지 않다. 그러니까 아이들은 자전거 핸들을 두 손으로 잡고 두 발로 땅을 딛으며 자전거를 타는 것이다. 걷듯이 타는 이 자전거로 자연스레 균형감각을 익히게 되고, 페달이 달린 자전거를 보조바퀴 없이 바로 탈 수 있게 된다. 아들도 라우프라트를 타면서 익힌 균형감각 덕분이었는지 금방 두발자전거를 탈 수 있었다.

  독일 어느 도시에서든 엄마, 아빠와 같이 자전거를 타고 지나가

○ 한국에서는 밸런스자전거로 알려져 있다.

는 어린 아이들을 많이 볼 수 있다. 헬멧을 쓰고 자전거 뒤에 귀여운 모양의 깃발도 꽂고 자전거를 타는 아이들을 보면 귀여워서 입가에 저절로 미소를 띠게 된다.

좀 큰 아이들은 자전거를 타고 학교에 가기도 한다. 대략 5학년 쯤, 그러니까 아이들이 초등학교를 졸업하고 상급학교°에 진학할 때면 친구와 자전거를 타고 등교하는 경우도 많다. 초등학교에서 자전거를 탈 때 지켜야 할 규칙이나 도로교통에 관한 기본적인 상식을 배우기 때문에 상급학교에 진학할 때쯤이면 어른들의 도움이나 동행이 필요 없게 된다.

독일에서는 초등학교 4학년이 되면 자전거 타기에 관한 수업을 한 학기 동안 받게 된다. 자전거를 탈 때 지켜야 할 모든 것을 배우는데, 앞서 이야기한 도로교통에 관한 상식뿐만이 아니라 다른 사람에게 보내는 수신호도 배운다. 이런 교육은 지역 경찰서에서 파견 나온 경찰관들이 진행한다. 아들은 이 수업을 굉장히 좋아했는데 경찰관들도 친절하고 수업도 꽤 재미있었다고 했다. 수업을 수료하고 나면 아이들은 자동차 면허시험을 치듯 자전거 면허시험을 치르는데, 이론과 실기시험을 통과하면 어린이 자전거 면허증을 받게 된다.

이제 아이들은 자동차가 다니는 거리에서 혼자 자전거를 탈 수

___
° 독일에서 아이들은 초등 4년 과정을 마치고 나서 중고 통합과정에 들어간다.

있다고 공식적으로 인정을 받는다. 자전거는 독일에서 엄청 중요한 교통수단이다. 이곳 사람들은 웬만한 거리는 걸어 다니거나 자전거를 탄다. 어른, 아이, 노인 할 것 없이 많은 사람이 자전거를 타고 직장에 가고 장을 보러 가고 학교에 간다. 독일 사람들의 검소한 생활 습관, 환경문제에 관한 높은 관심이 어우러져 만들어낸 풍경이 아닐까 하는 생각이 든다.

그런데 타고난 몸치에다 스포츠에 별다른 관심도 없어 마흔이 되도록 자전거를 탈 줄 모르던 내가 자전거를 배워야겠다고 마음먹은 건 그런 분위기 때문이 아니었다. 순전히 아들 녀석 때문이었다. 조용한 성격과 달리 은근 스피드를 즐기는 아들 녀석은 자전거만 타면 늘 빠른 속도로 달려 나갔다. 처음 자전거를 배우기 시작할 때는 천천히 따라 걸어가도 되었다. 산책을 하듯 여유롭게 뒷짐을 지고 아들 뒤를 따라 걸었는데, 아들이 자전거에 익숙해지면서 점차 속도를 올리자 그렇게 여유롭게 걸을 수가 없었다. 신나게 페달을 밟으며 달리는 아들 뒤를 쫓아 나는 매번 헉헉거리며 미친 듯이 뛰어야 했다.

자전거를 탈 줄 모르는 어른은 아마 한 명도 없을 거라고 예상이 되는 독일 땅에서 웬 동양 여자가 이상한 소리를 내며 자전거 탄 아이를 따라 미친 듯이 내달리는 모습은 우리 동네 호숫가의 진풍경이었을 것이다. 호숫가 벤치에 앉아 있던 할머니들이 늘 혀를 끌끌 차며 내게 말했다.

"엄마도 자전거를 타야 되지 않을까? 그렇게는 따라잡기 힘들지."

"아, 네. 헉헉, 그, 그렇죠…. 엄마랑 천천히 가!"

매일 그렇게 격렬한 달리기를 한다는 건 나 같은 저질 체력에게 쉽지 않은 일이었다. 저녁이면 뻗어서 시체처럼 누워 있는 나를 보고 남편은 며칠 고민을 하더니 인터넷에서 빨간색 중고 자전거를 구해주었다. 어릴 때 자전거를 배웠다는 남편과 이제 자전거를 잘 타기 시작한 아들이 내 코치가 되어주었다. 라우프라트를 타고 아장아장 천천히 달리는 작은 아이들 틈에서 나는 그렇게 자전거 걸음마를 시작했다.

매일매일 동네 호숫가에서, 일요일엔 텅 빈 슈퍼마켓 주차장에서 나는 두 남자의 레슨을 받았고, 며칠 뒤 자전거를 타고 아들과 비슷한 속도로 달릴 수 있었다. 우리 동네 호숫가에는 몇 군데 오르막길이 있는데, 평평한 길은 수월히 달릴 수 있었지만 오르막길은 힘들어서 매번 자전거에서 내려 씩씩거리며 올라갔었다. 나도 아들처럼 언젠가 페달을 밟고 이 오르막을 올라갈 날이 있겠지 했는데 어느 날 아무렇지도 않은 듯 스윽 올라갔다.

"'언젠가는' 했던 일이 '지금'이 되는 순간, 진짜 신난다. 야호!"

열두마리
토끼들

 이사를 했다. 이사라고는 하나 같은 건물, 같은 층 맞은편에 있는 집으로 옮긴 것이니 사실 거창하게 '이사'라고 하기도 그렇다. 예전에 우리가 살던 집에는 방이며 거실에 죄다 낡은 카펫이 깔려 있었는데, 너무 낡아서 아무리 청소를 해도 퀴퀴한 냄새와 먼지가 사라지지 않았다. 카를스루에 있을 때는 괜찮았는데 트리어의 집으로 이사하고 난 뒤 아들은 하루가 멀다 하고 코가 막혔고 감기도 자주 앓았다. 아무래도 낡은 카펫 때문인 것 같아 집주인에게 바닥을 수리해줄 수 없겠냐고 물었더니, 당장 급한 일이 아니다 싶었는지 느긋하기 짝이 없는 말만 되돌아왔다.
 계속되는 요청에 집주인은 "그렇게 싫으면 당신이 직접 하든지"라며 심드렁한 표정으로 말했다. 아들 생각에 마음이 급했던 나는 카펫을 뜯어내려고 들춰보았지만 카펫 바로 밑에는 울퉁불퉁한 시멘트 바닥이 날것 그대로 놓여 있었다. 그렇다고 유학생 처지에 큰돈을 들여 새로 바닥을 깔기는 정말 난감한 일이었다. 몇 달 동안 남편과 함께 인터넷과 신문에 난 광고를 뒤지며 카펫이 없는 싼 집을 찾아 헤맸다. 6개월 동안 주말마다 광고에 나온 집을 보러 다녔지만 우리에게 맞는 집은 보이지 않았다. 나도 남편도 지쳐서 천천히 기다려보자며 이야기하던 중에 때마침 같은 층에 살던 남학생 세 명이 이사를 간다는 소식이 들려왔다. 살짝 들여다보니 바닥에 카펫도 없고, 집세도 100유로나 쌌다. 그렇게 이 잡듯 뒤질 때는 딱 맞는 집이 안 나오더니….

작년 여름 그렇게 우리는 이사를 했다. 아들은 초등학교 입학 전에 보내는 마지막 유치원 여름방학을 나와 같이 이사 갈 집에 페인트칠을 하며 보냈다. 새집에 가면 자기 방이 생긴다는 걸 안 아들은 하루라도 빨리 이사하고 싶어 했다. 그리고 자기 방이 될 공간을 어떻게 꾸밀지 즐거운 고민에 빠져들기도 했다. 남학생 셋이 산 흔적이 고스란히 남아 있는 집. 화장실 변기를 닦는 데만 꼬박 이틀이 걸렸지만, 카펫 없는 집에서 코 막히는 일 없이 아들이 건강하게 잘 자랄 수 있다는 생각만으로도 이 집은 우리에게 참으로 고마운 존재였다.

이사한 첫날, 좋아서 들떠 있던 아들은 막상 밤이 되자 쉽게 잠들지 못했다. 이사한 집이 마음에 들어 신이 나기도 했지만 낯설었던 모양이었다. 어디서 쿵쿵거리는 소리가 난다는 둥, 지붕 밑에 누가 있는 것 같다는 둥, 자꾸 이 이야기 저 이야기 늘어놓으며 잘 생각을 하지 않았다. 아이의 마음이 이해가 가면서도 페인트칠에, 짐 옮기는 일에 여러 가지 일로 몸이 고단했던 내 입에선 빨리 자자는 말만 튀어나왔다. 아이가 잠들기까지 그래 봤자 30분이면 되는 것을, 그 정도 시간도 못 참고 따듯하게 다독여주지 못한 게 뒤늦게 미안해서 다음 날 엉성하기 짝이 없는 짧은 동화를 만들어 아들에게 들려주었다.

며칠 전 다니엘은 새집으로 이사를 했어요. 예전에 살던 집은 다니엘의 방이 따로 없었는데, 새집으로 이사하면서 다니엘은 아주 커다란 방을 가지게 되었어요. 엄마랑 같이 하얀색, 노란색으로 칠하며 방을 예쁘게 꾸몄지요. 다니엘은 새집이 무척 마음에 들었어요. 그러던 어느 날 저녁, 자려고 침대에 막 누우려는데 지붕 위에서 누가 왔다 갔다 하는지 쿵쿵거리는 소리가 들리는 거예요. '어? 누구지?' 궁금해진 다니엘은 엄마에게 물었어요.
"엄마! 쿵쿵하는 소리 들었어요? 우리 집 위에 누가 사는 것 같아요."
다니엘의 이야기를 들은 엄마는 고개를 저으며 이렇게 말했어요.
"우리 집 위에? 아니야, 우리 집 위에는 창고만 있어요. 아무도 살지 않아요."
"엄마! 그런데 저 위에서 쿵쿵하는 소리를 진짜로 들었어요. 누가 살고 있는 것 같아요."

하지만 엄마는 계속 이렇게만 이야기했어요.

"아니라니까. 우리 집 위에는 아무도 없어요. 아무 걱정 하지 말고 이제 코하세요."

그때 다니엘에게 좋은 생각이 떠올랐어요. 다니엘은 엄마에게 이렇게 이야기했어요.

"엄마! 보세요, 우리 집 건물에 편지함이 다섯 개나 있잖아요. 우리 집이랑 마인츠 할머니, 아래층 형들, 파울이네…, 그럼 편지함 하나 남은 건 누구 거예요? 지붕 위에 진짜 누가 살고 있는 것 같아요."

엄마는 피곤한 얼굴로 하품을 하면서 이렇게 말했어요.

"그래그래, 그럼 우리 내일 아침에 일어나서 편지함이 몇 개인지 다시 세어보자. 지금은 자야지. 눈 감고, 코 자자."

하지만 다니엘은 잠이 오지 않았어요. 지붕 위에 누가 살고 있는 것 같다는 생각이 자꾸 들었거든요. 누가 살고 있을까…. 침대 위에서 뒹굴뒹굴하는데 생각이 꼬리를 물고, 또 꼬리를 물고 이어졌지요. 그런데 시간이 얼마나 지났을까요? 뒹굴뒹굴하다 잠이 들었던 다니엘은 쿵쿵하는 소리에 잠이 깼어요. '무슨 소리지?' 겁이 나기도 했지만 궁금하기도 했던 다니엘은 용기를 내어 소리 나는 곳으로 천천히 걸어갔어요. 소리는 현관문 밖에서 들려왔어요. 다니엘은 현관문을 빼꼼히 열고 밖을 내다보았지요.

그런데 어라! 이게 웬일이에요? 지붕 밑 창고로 올라가는 사다리가 내려져 있고, 그 사다리 위에 열 마리는 족히 될 듯한 토끼들이 머핀을 창고로 열심히 나르고 있었어요. 다니엘은 깜짝 놀라서 자기도 모르게 문 옆에 있던 초인종을 팔로 누르고 말았어요. 따리리링! 초인종 소리에 머핀을 들고 사다리를 올라가던 토끼들도 깜짝 놀라 다니엘을 쳐다보았지요. 한 마리, 두 마리…. 모두 열두 마리였어요. 다니엘은 잠시 아무 말도 없이 가만히 서서 토끼들을 바라보다가 먼저 말을 걸었어요. 엄마가 항상 누굴 만나든 먼저 인사를 하는 게 좋다고 했거든요.

"안녕? 난 다니엘이라고 해. 얼마 전에 이 집으로 이사를 왔어. 너희들은 누구니?"

다니엘의 이야기를 들은 열두 마리의 토끼들은 "휴" 하고 서로 안심했다는 듯 웃으며 이야기했어요.

"우리? 우리는 호숫가에 사는 토끼들이야. 지금 저녁을 먹으려고 머핀을 나르고 있어."

"호숫가에 사는 토끼들? 그런데 왜 우리 집 지붕 밑에 있는 창고로 올라가는 거야?"

다니엘이 궁금하다는 듯 물어보자 토끼들이 대답했어요.

"응, 우리는 낮에는 호숫가에서 지내다가 저녁이 되면 여기 지붕 밑에 와서 밥을 먹고 잠을 자. 그리고 아침이 되면 다시 호숫가로 간단다."

토끼들의 이야기를 들은 다니엘은 저녁마다 쿵쿵거리던 소리가 무엇이었는지 알 것 같았어요.
"그럼 저녁마다 쿵쿵하던 소리는 너희들이 사다리를 탈 때 나는 소리였구나."
"응. 많이 시끄러웠니?"
"아니. 그럼 저녁 맛있게 먹고 잘 자. 담에 또 보자."
"그래. 다니엘 너도."
다니엘은 토끼들에게 '안녕' 인사를 하고는 다시 방으로 와 침대에 누우면서 생각했어요. 내일 아침에 엄마에게 지붕 위에 누가 사는지 알려줘야겠다고요.

엄마랑 저랑 둘이서 나누었던 대화 한 토막이 들어간 이야기를 듣고 아들은 무척 즐거워했다. 아들과 나만 아는 둘만의 이야기로 나도 즐거웠다. 아마 우리 집 지붕 위 창고에는 아들과 같이 숨 쉬고 놀고 꿈꿀 친구들이 늘 찾아올 것이다.

얼마
받아요

1

발도르프 학교에서 일하게 되었다는 소식을 알렸을 때 친구들은 누구보다 기뻐하며 축하해주었다. 그러고는 조심스럽게 물었다.

"거기서 받는 월급은 괜찮니? 만족스러워?"

"괜찮아. 적어도 나한테는 만족스러워."

내 대답을 듣고서 친구들은 환해진 얼굴로 말했다.

"네가 괜찮다면 다행이다."

그런데 공립학교 선생님인 유디트는 사립학교의 시스템이 궁금했는지 내게 한 가지 더 물어왔다.

"혹시 내가 네 월급 얼마인지 물어봐도 돼?"

하도 조심스럽게 묻길래 나는 하하하 웃으면서 이야기해주었다.

"친구 사인데 뭐 어때."

유디트는 내 말을 듣더니 몹시도 놀라며 화를 냈다.

"정말? 정말 그것만 받아?"

유디트의 생각에 내가 받는 월급이 너무 적은 액수였던 모양이다. 나는 유디트에게 말했다.

"나는 선생님이 아니라 피아노 반주자니까 그렇겠지."

내 말을 듣던 유디트가 고개를 저으며 말했다.

"아니, 아니. 독일 공립학교의 경우는 달라. 학교라는 틀 안에서 일하는 모든 사람이 받아야 하는 기본급이 있어. 수위실에서 일하는 사람이든 교사든 사무실에서 일하는 사람이든 말이야. 아, 정말 말도 안 돼."

유디트는 나보다 더 속상해했다. 유디트에게는 내가 외국인이고, 이곳에서 대학 공부나 직업교육을 받지 않은 사람이라는 건 상관없어 보였다. 내가 할 수 있는 일, 내가 일하는 시간만을 잣대로 내가 받는 월급이 정당한지 아닌지를 판단하고 있었다.

트리어에 와서 알게 된 친구들 중에는 대만에서 온 친구와 한국 친구들도 있는데, 다들 독일에 유학을 왔고, 졸업 후 독일에서 직장을 잡고 있는 사람들이다. 내가 학교에서 일하게 되었다는 이야기를 들은 이 친구들이 보인 반응은 앞선 친구들과 조금 달랐다.

대만에서 온 친구는 예의 바르긴 했지만 시급이 얼마인지 물었고, 내가 얼마를 받는지 이야기하자 "그 정도면 괜찮네" 하고 말했다. 다른 말을 많이 하지는 않았지만, 나는 이 친구의 말과 표정에서 그가 무슨 생각을 하는지 대번에 알아차릴 수 있었다. '나는 이곳에 와서 힘들게 공부하고 일자리를 잡았지만, 너는 그렇지 않잖아, 그러니까 그 정도면 감지덕지해야 하는 것 아니야?' 하는 생각 말이다. 한국 친구들은 아예 한국식으로 시원시원하게 물었다.
"그런 일 하면 한 시간에 얼마 받아요?"
나나 이 친구들이 자라온 세계에서는 이런 질문을 하는 것 자체가 아무렇지 않은 일이다. 이 친구들 역시 내 대답을 듣더니 "그 정도면 괜찮네요. 감사하잖아요?"라고 말했다.
나 역시 개인적으로 정말 감사한 일이라고 생각한다. 외국 땅에서 돈을 버는 일이 쉬운 것도 아니고, 게다가 한국에서 하던 일을 계속하게 되었으니 얼마나 큰 행운인가. 다만, 나보다 더 많은 돈을 버는 사람들이 내게 그 정도 월급이면 괜찮지 않느냐고 이야기할 때마다 조금은 이상한 기분이 들었다.
사실 이런 걸 다 떠나서, 이곳에서는 대부분 사람들이 누군가에게 '돈을 얼마나 버는지' 물어보는 것 자체를 조심스러워한다. 그런 걸 묻는 것 자체가 상대에 대한 예의가 아니라고 생각한다. 어느 쪽이 옳고 그른가 이야기하기는 힘들겠지만, 누군가 내게 묻는다면 이런 말은 해줄 수 있을 것 같다.
그런 걸 물어보는 것 자체를 조심스러워하는 사람 옆에서 나는 인간으로서 조금 더 배려받는 느낌을 받았다고.

2

한나와 매일 학교 마당에서 마주치고, 인사하고, 이야기를 나누며 지내다 조금씩 사이가 가까워지기 시작할 때였다.

서로에게 궁금한 걸 물어보는데, 내가 한국에서 무엇을 하고 지냈는지 궁금해하길래 대학 다닐 때 전공은 이러이러한데, 하고 지냈던 일은 완전 달랐다고 이야기해주었다. 이 이야기의 끝에 나는 부가설명도 덧붙였다. 독일에서는 대학을 졸업하는 것 자체가 엄청 어려운 일이라 대학 졸업장이 있으면 대단하다고 생각하는 경향이 있으니, 나는 내가 그렇게 대단하거나 똑똑하지 않은 인간이라는 걸 말해주어야 할 의무 같은 걸 느꼈다.

"한국은 독일하고 상황이 달라서 대학 간 격차가 있어, 미국처럼. 내가 나온 대학은 그렇게 좋거나 유명한 대학은 아니야."

내 말이 끝나자 한나는 잠깐 내 얼굴을 말없이 몇 초 동안 응시했다. 그리고 조용히 내게 말했다.

"너랑 나랑 친구가 되는 데 그런 게 중요하다고 생각해?"

한나의 말에 뭐라고 대답해야 할지 몰라 나는 잠시 가만히 있었다. 말문이 막혔는데, 희한하게도 기분이 나쁘지 않았다. 누군가를 처음 만나면 늘 나이, 출신 학교, 직업, 가족관계를 묻는 호구조사부터 시작하고, 배우자나 부모의 직업부터 사는 곳, 사는 정도까지 탈탈 털어놔야 관계가 시작되던 한국에서 30여 년 살다 온 내게 조금은 낯선 풍경이었다.

회색과 파란색이 섞인 한나의 눈동자가 잔잔한 바람처럼, 영화 속 정지화면처럼 잠깐 내 얼굴에 머물렀다. 잠시 후 우리는 약속이라도 한 듯 같이 웃었다. 그리고 천천히 동네를 걸었다.

누군가 내 안에 있던 '진심의 공간'°으로 걸어 들어오는 소리가 들렸다.

○ 김현진 에세이 『진심의 공간』 제목을 인용하였다.

음악 창작노트 1
♪ 숨바꼭질도 하고요, 잡기 놀이도 하고요
♪ 고양이랑 놀아요

<u>1</u>

아들이 초등학생일 때, 학교에서 돌아와 같이 점심을 먹을 때면 나는 늘 물어보곤 했다. "오늘 학교에서 쉬는 시간에 뭐 하고 놀았어?" 그러면 아들은 이렇게 대답하였다. "숨바꼭질도 하고 잡기 놀이도 하고!" 그리고 학교에서 있었던 일들을 쫑알쫑알 풀어놓았다.

"음…, 엄마! 오늘은 재미있는 거 하나 배웠어."

"재미있는 거? 뭐?"

"응. 레오가 가르쳐줬어."

레오라면 아들 반에서 둘째가라면 서러운 개구쟁이 아니던가? 살짝 듣기가 두려워졌다.

"엄마! 쉬는 시간에 친구들이 잡기 놀이 많이 하잖아. 잡기 놀이를 더 재미있게 할 수 있는 방법이 있어. 레오가 트릭을 가르쳐

췄어. 친구가 막 잡으러 오잖아, 그러면 손을 입 옆에 이렇게 대고 손을 쫙 펴! 그리고 혓바닥을 길게 쭈욱 내밀어, 그리고 '삐' 하고 소리를 내. 그러면 잡으러 오는 친구가 막 약 올라 하거든? 그러면 잡기 놀이가 이 만큼 더 재미있어져."

아이들이 노는 모습이 머릿속에 그려졌다. 소리 없는 웃음이 입가에서 삐져나왔다. 마치 '삐' 하고 소리를 내듯.

2

남편과 나 그리고 아들. 이렇게 세 명의 인간만 모여 살던 삭막한 집에 새로운 생명체가 온 건 아들이 4학년 때였다. 학교에 입학하기 전부터 아들은 "개 한 마리 아니면 고양이 한 마리!" 노래를 불렀는데, 나는 그때마다 '다음에' '언젠가' 하며 미루고만 있었다.

하루는 한나, 비비아나와 같이 이런저런 이야기를 하다 반려동물에 관한 이야기를 나누게 되었는데, 비비아나가 이렇게 말하는 것이다. "내 아들도 어릴 땐 그런 이야기를 맨날 했지. 근데 좀 크니까 그런 이야기를 더 이상 안 하더라고."

그러니까 아이들이 그 나이만의 정서로 반려동물과 교감을 나누는 시기가 따로 있다는 이야기였다. 나는 곧장 비올라에게로 가 고민을 털어놓았다. 비올라는 고양이 마째랑 같이 살고 있었고, 내 고민에 대한 최상의 해결책을 제시해줄 만한 친구였다. 마째는 집에만 있지 않고, 이웃집과 온 동네를 다 돌아다니는 고양이였다. 고양이는 무척 독립적인 동물이라서 가고 싶은 대로 가고, 오고 싶은 대로 오게 놔둬야 한다는 게 비올라의 생각이었다.

비올라가 마째를 사랑하는 만큼 마째도 비올라를 무척이나 사랑했는데, 마째가 자신의 사랑을 표현하는 방식은 지극히 고양이다웠다. 사냥한 새를 부엌 바닥에 말없이 놓고 감으로써 자기가 얼마나 비올라를 생각하는지 표현하곤 했다. 아침마다 피투성이로 누워 있는 새들을 발견하고 소스라치게 놀라면서도 비올라는 마째의 이런 마음을 고맙게 생각하고 막지 않았다.

비올라는 신문에 난 고양이 분양 광고를 꼼꼼히 살펴보면서 외국인인 내가 다 보지 못하는 문장과 문장 사이의 숨어 있는 뜻을 짚어냈다. 꽤 긴 시간 이것저것 따져보던 비올라가 내게 말했다.

"이 사람은 고양이를 정말로 사랑하는 사람인 것 같아."

그렇게 고양이 수십 마리와 같이 사는 한 아주머니에게로 전화를 했고, 우리는 그토록 기다리던 아기 고양이를 만나게 되었다. 하얀색과 검정색이 섞여 있는 예쁜 고양이였고, 아주머니는 그 아이를 '미니'라고 부르고 있었다. 태어난 지 2주밖에 안 된 미니는 정말 작고 예뻤다. 게다가 고맙게도 우리를 잘 따랐다.

미니가 우리 집에 온 지 5일째 되는 날이었다. 내 무릎에 앉아 배를 발라당 뒤집고 누운 미니가 귀여워 쓰다듬고 있었는데, 하얀 배 위로 까만 점 하나가 퐁! 하고 튀어 올랐다. 나이 사십이 되도록 한 번도 본 적 없었던 미지의 생물. 미니는 우리 집에 혼자 온 것이 아니었다. 나는 서둘러 미니를 데리고 가장 가까운 동물병원으로 갔다. 의사는 미니를 살펴보더니 내게 말했다.

"아직 너무 어리고 몸무게가 적게 나가서 약을 바를 수 없어요. 약만 바르면 벼룩은 바로 없어지는데… 몸무게가 1킬로그램은 넘어야 해요. 아직 어리니까 좀 기다려야 합니다."

2주 동안 매일매일 하루에도 몇 번씩 청소기를 들고 집 안 구석구석 모든 상자를 뒤집고 다녔지만, 벼룩의 번식력 앞에서는 청소기의 흡입력도 쓸모없었다. 다행히 미니는 벼룩에 온몸을 뜯기는 와중에도 잘 먹고 잘 놀았다. 우리는 미니의 생명력과 투지에 감탄하며 진심으로 외쳐댔다. "레스팩Respekt!"

미니의 몸무게가 1킬로그램이 넘어선 날 다시 동물병원에 갔다. 의사가 미니의 목덜미에 연고를 바르자 수천 대군의 벼룩은 거짓말처럼 사라졌다. 병원에 다녀온 미니는 무슨 일이 있었냐는 듯 언제나처럼 잘 놀았다.

하루는 아들이 고양이 장난감을 들고 식탁 주위를 뱅뱅 돌자 미니도 아들 뒤를 따라다니며 뱅뱅 돌았다. 그 모습이 귀엽고 이뻐서 웃다가 갑자기 멜로디가 떠올랐다. 아들과 미니가 뛰어놀던 그 순간, 두 아이의 아름다운 시간에 감히 배경이 된 음악. 그렇게 만들어진 곡 〈고양이랑 놀아요〉!

2장

한국인과 독일인,
김지혜와 안겔라 사이에서

내가 더 이상
쓰지 않는 말들

1

문득 내가 이제 더 이상 쓰지 않는 표현들이 있다는 생각이 들었다. 한국에서 사람들과 이야기를 나눌 때 적어도 몇 번씩은 썼던 말들, '이쁘다' '날씬하다' '키가 크다' '살이 쪘다, 빠졌다' 같은 표현들을 독일에 온 뒤로 써본 적이 없다는 걸 깨달았다. 누군가와 대화를 나눌 때 누군가의 외모에 대해 저런 식으로 말하는 경우가 거의 없기 때문이다. '거의'라고 이야기한 건 가끔 누군가에 대한 인상착의를 설명하기 위해 금발, 큰 키, 곱슬머리, 안경 같은 말을 동원하는 경우가 종종 있어서다. 하지만 그런 경우를 제외하고 누군가의 신체적인 특징이 외모를 평가하기 위해 거론된 적은 없었다.

한국에 살 때 나는 겉치장에 적지 않은 시간과 노력을 들였다.

외출하기 전 화장을 하고 옷을 골라 입는 데 한 시간은 걸렸다. 될 수 있으면 안경을 쓰지 않고 렌즈를 착용하려고도 했고, 풀 메이크업은 아니더라도 기초화장 정도는 꼭꼭 하고 다녔다. 화장을 하지 않으면 "얼굴에 자신 있나 보지?" 하는 농담을 가장한 비아냥거림이 날아들거나 자기 관리에 철저하지 못한 사람으로 취급받는 일이 많았기 때문이다.

결혼하고 난 뒤엔 더 신경 쓰였다. 살이 쪄서도 안 될 것 같았고, 비싼 옷은 아니더라도 깔끔하게, 최소한 유행에는 뒤떨어지지 않게 입고 나가야 하지 않을까 하는 강박관념이 더해졌다. 결혼한 여자는 결혼 전보다 해야 할 일이 더 많았지만, 그럼에도 불구하고 사람들은 옷과 화장, 날씬한 몸을 잣대로 누군가의 삶의 태도를 아무렇지 않게 논했다.

지금보다 몸무게가 더 많이 나갔던 적이 있다. 회식 자리나 남편과 먹었던 야식도 문제였지만, 나중에 알고 보니 건강에 문제가 있어서 정말 몸이 부은 것이기도 했다. 날씬하지 못한 몸매를 가진 내게 쏟아진 수많은 말을 나는 아직도 기억한다. '다리가 무 같네' '팔뚝 봐라, 팔뚝' '결혼하더니 긴장감이 풀어졌나 봐' '부지런하지 못하네' '자기 관리가 철저하지 않다' 등의 말은 날씬한 몸매를 가지고 있지 않음을, 멋진 옷을 입지 않았다는 걸 의미한다는 사실을 나는 사회에서 배웠다.

몸매나 옷차림에 대한 강박관념이 사라진 건 이곳에 오고 난 뒤부터다. 사람들의 옷차림이 무척 편안해 보였다. 화장을 하지 않은 사람들도 많았다. 화장을 하지 않은 사람이 화장을 한 사람보다 많다는 말이 더 적절할 것 같다. 옷도 자기가 입고 싶은 대로 입는 게 보였다.

한국에선 어떤 스타일의 옷이 유행하면 거리 전체가 그 옷으로 물결치는 경우가 많은데, 독일에서는 그런 경우를 볼 수가 없다. TV 드라마 주인공들이 입은 옷이 유행이 되고, 어느 배우가 든 핸드백이 품절로 동나는 일도 없다. 다른 사람과 똑같은 옷을 입거나 똑같은 가방을 드는 일은 자기만의 취향과 색깔을 가지지 못한 사람이라는 의미고, 따라서 그런 일을 아무도 하고 싶어 하지 않기 때문이다.

개성 있는 옷차림 만큼이나 놀라운 건 옷 사이즈였다. 옷가게에 가면 똑같은 디자인의 옷이 작은 사이즈부터 XXL 사이즈까지 다양하게 있다. 몸매를 드러내는 디자인이나 짧은 스커트도 큰 사이즈가 있다. 사람들은 타인의 시선에 신경 쓰지 않고 자기가 입고 싶은 옷을 골라 당당하게 입고 다닌다. 살이 좀 쪘다 싶으면 조금 헐렁한 디자인의 옷을 입어서 몸매를 커버해야 한다는 암묵적인 패션 지침 같은 게 없는 것이다. 다리가 굵든 가늘든, 마른 사람이든 뚱뚱한 사람이든, 똥배가 나온 사람이든 식스팩을 가진 사람이든 그저 자기 취향대로 입고 싶은 것을 입을 뿐이다. 옷에 의해 인간이 선택당하는 것이 아니라 인간이 옷을 선택하기 때문이다.

한 사람, 한 사람이 가진 고유의 아름다움이 있다는 사실을 아는 사람들, 그리고 그 아름다움을 서로 존중할 줄 아는 공동체. 이곳에서 옷과 가방이 사람을 삼키는 일은 없어 보인다.

2

봄이나 가을이 되면 동네 곳곳에 '어린이 벼룩시장' 안내문이 붙기 시작한다. 봄에 한 번, 가을에 한 번, 그렇게 1년에 두 번 동네 유치원이나 초등학교에 장이 서는데, 작아진 아이들 옷이며 안 쓰는 장난감, 책 등을 엄마들이 서로 사고판다. 자기가 직접 파는 경우도 있고, 팔고 싶은 것들을 가져가 등록을 하면 자원봉사자들이 대신 판매해주는 경우도 있다. 그럴 경우에는 대부분 수익금의 20퍼센트 정도를 유치원이나 학교 아이들을 위해 내놓는다.

이런 '어린이 벼룩시장'이 설 때면 엄마들이 직접 구운 케이크와 머핀을 기증하기도 하는데, 그 수익금은 유치원과 학교의 살림을 위해 쓰인다. 맛있는 케이크와 머핀을 저렴한 가격에 사 먹을 수 있는 데다 판매금 또한 아이들을 위해 쓰이니 먹으면서 좋은 일도 하게 되는 셈이다.

카를스루에에 살 때도 아들의 옷이며 장난감 등을 벼룩시장에서 주로 샀는데, 아이들이 부모와 함께 참여해 갖고 놀던 장난감을 직접 파는 모습도 볼 수 있었다. 아이들은 자기가 더 이상 쓰지 않는 물건이 필요로 하는 누군가에게 가서 다시 유용하게 쓰일 수 있다는 것, 그리고 누군가 필요로 하지 않는 물건이 자신에게 필요할 수 있다는 것을 직접 보고 배우며 자란다. 조금 낡고 흠이 있는 장난감들을 진지한 표정으로 신중하게 고르는 아이들의 모습도 놀라웠지만 아이들에 대한 사랑을 비싼 옷이나 장난감으로 '표현'하지 않는 사람들의 단호한 태도도 신선하게 다가왔다.

잘 먹고 잘 뛰어노는 게 아이들이 갖추어야 할 주요 덕목인 이곳에서 사실 아이들 옷은 면으로 된, 뛰어놀기 편한 옷이면 되는 것이어서 메이커나 가격을 따지는 일이 별로 없다. 게다가 그런 것들이 살아가는 데 하등 쓸모없다고 여기는 이 사람들은 애나 어른이나 턱없이 비싼 옷, 비싼 물건 사는 일을 오히려 부끄럽게 여긴다. 아직 말짱한 옷을 유행이 지났다고 버리거나 쓸만한 물건을 함부로 버리는 일 역시 마찬가지다.

그래서 독일에서는 경제가 불황이든 호황이든 상관없이 벼룩시장이 정기적으로 열리고, 그렇게 사람들에게 생활의 일부가 되었다. 상위 10퍼센트, 하위 10퍼센트가 아이들 옷차림에서 드러나지 않는 사회, 최소한 이곳에는 옷과 가방의 가격으로 '계급놀이'를 하는 아이들은 없다. 놀이터에서 뛰어놀다 옷에 잔뜩 흙을 묻힌 채 웃는 아이들을 보면서 생각한다. 구별과 차등이 없을 수 없는 세상에서 우리가 인간으로 살아가기 위해서는 적어도 반드시 지켜내야 할 것들이 있지 않겠는가 하고 말이다.

싱글맘과 워킹맘을 대하는
독일 사회의 시선

1

카를스루에에서 같은 층에 살던 이웃은 아들 또래의 '지니'라는 여자아이가 있는 가정이었다. 아이의 엄마는 영국 리버풀 출신이었다. 서로 통성명을 하고 마주칠 때마다 간단한 인사를 나누었지만, 딱 그만큼만이었다. 대영제국의 자존심도 슬쩍슬쩍 보였다. 이제 막 독일에 온 나와, 동양인과 이야기를 해보는 건 처음이라는 그 친구 사이에 서먹서먹한 벽이 있었다.

그러던 어느 쌀쌀한 가을날이었다. 창밖을 보니 마당에 그 친구가 서 있었다. 한눈에 보기에도 몸이 좋지 않다는 걸 알 수 있었다. 창백한 얼굴에 힘없이 오들오들 떨면서 몸을 조금 웅크린 채 서 있었다. 아마도 아이가 밖에서 놀고 싶어 하니 아픈 몸을 끌고 어쩔 수 없이 나온 모양이었다. 나도 친정이 구만리, 나보다 가깝

기야 하겠지만 그 친구도 친정이 바다를 건너야 하는 곳. 도와주는 사람 하나 없이 아이를 키워야 하는 엄마는 아파도 아플 수 없다는 걸 잘 아는 나로서는 그냥 보고 지나치기가 무엇했다.

"안녕, 헬렌? 근데 몸이 좀 안 좋아 보이는데…. 괜찮아?"

"몸이 좀 안 좋아. 몸살 기운이 있는 것 같아."

"그래? 그럼 네 딸이 우리 집에서 우리 애랑 노는 동안 좀 쉬는 건 어때? 혹시 애가 낯설어서 울거나 하면 바로 이야기할게."

"정말? 그래도 돼?"

헬렌은 믿기 어렵다는 듯 눈을 동그랗게 뜨고 내게 두 번이나 물었다.

"응, 그럼."

"고마워. 그럼 나 30분만 좀 누워 있을게."

활달한 성격에 좀처럼 낯을 가리지 않는 그 집 딸 지니는 울기는커녕 30분 뒤 저를 데리러 온 엄마를 집으로 돌려보내고는 저녁까지 우리 집에서 놀았다. 다음 날 기운을 차린 헬렌은 우리 집 문을 두드렸다. 아들이 몇 살인지, 우리가 어디에서 왔는지, 유치원 등록은 했는지 내게 여러 가지를 묻고 또 이야기해주었다. 대학생이던 시절 배낭 하나 메고 독일에 여행을 왔다가 계속 살게 되었다는 헬렌은 내가 잘 알지 못했던 동네 구석구석마다 위치한 놀이터며 유치원이며, 독일에서 아이를 키우는 데 필요한 많은 정보를 친절하게 알려주었다.

"있잖아, 독일에는 어느 도시를 가든 동네에 꼭 놀이터가 있어. 찾기 힘들다면 초등학교나 큰 병원 근처, 성당이나 교회 근처로 가봐. 게다가 그 놀이터들은 늘 관리가 잘 되어 있으니까 안심하고 애들을 데리고 가도 돼. 그리고 있잖아…."

그날 헬렌과 나는 오래오래 이야기를 나누었다. 이후 우리는 매일 서로의 집에 들락날락하며 때론 차 한잔, 때론 와인 한잔과 함께 이런저런 이야기를 나누는 사이가 되었다. 딸을 낳고 회사를 그만두었던 헬렌은 아이가 만 두 살 반쯤 되어 유치원 종일반° 자리를 받고 난 뒤 다시 일을 시작했는데, 이틀은 집에서 사흘은 회사에서 근무하는 식이었다. 직업마다 다르긴 하겠지만, 일반 회사에서 사무직으로 일하던 그 친구는 보통 오후 서너 시면 일을 끝내고 퇴근을 했다. 하루는 평소보다 좀 늦게 일이 끝났는지 지친 얼굴로 우리 집에 와 하소연을 했다.

"나 오늘 일곱 시간이나 일했다. 내가 이렇게 살아야 하는 거니?"

그때가 오후 5시 즈음. 우리나라 워킹맘들이 들으면 기절초풍할 이야기라고 해주고 싶었지만, 그러지 못했다. 오후 서너 시에 퇴근하고 저녁 시간을 가족과 함께 여유롭게 지내면서도 적지 않

○ 독일 유치원 종일반은 대개 오후 4~5시까지 운영한다.

은 돈을 버는 평범한 사무직인 그 친구에게 저녁 6~7시까지 일하고 때론 야근도 해야 하는, 가족과 함께하는 여유로운 저녁 식사 같은 건 꿈꾸는 것조차 버거운 한국 워킹맘들의 이야기는 상상하기 힘든 먼 나라 이야기일 테니 말이다.

그 후 헬렌은 승진을 권하는 상사의 제안을 거절했다는 이야기로 또 한번 나를 놀라게 했다. 거절의 이유는 간단했다. 승진을 하면 지금보다 더 많은 시간을 회사에 투자해야 할 테고 그러면 가족과 함께하는 시간이 자연스레 줄어든다는 것이었다. 게다가 자신은 그런 삶을 원치 않는다고 했다.

트리어로 이사 온 뒤로 나는 그 친구와 종종 SNS 메신저로 만난다. 아이들 크는 이야기부터 별다를 것 없는 일상생활 이야기까지, 언제 얼굴을 보나 그리워하며 수다를 떤다. 그런데 얼마 전 그 친구가 새로운 소식을 전해왔다. 다니던 회사가 문을 닫아 지금 다시 일자리를 구하는 중이라고 했다. 독일에서는 다시 일자리를 구할 때까지 최대 1년 정도, 생활을 걱정하지 않아도 될 만큼의 실업수당을 받는다. 다른 직종의 일을 구하고 싶다고 할 경우에는 정부가 재교육 프로그램도 지원해준다.

몇몇 회사들과 인터뷰 약속을 잡았다는 그 친구는 유치원 교사로 새 삶을 시작해볼까 고민하고 있었다. 컴퓨터 앞에 종일 앉아 있는 것 말고 사람들과 부대끼며 지내는 일을 하고 싶다고 했다. "나한테 그 일이 잘 어울릴까?" 하고 묻는 친구에게 잘할 것 같다고 말해주었다. 활달한 성격에 잘 웃고 그러면서도 강직한 성격을 지닌 그 친구가 아이들 옆에서 누구보다 행복하게 지낼 것 같아서였기 때문이다.

하지만 그 친구와 이야기를 나누며 나는 또 그 '먼 나라' 이야기는 꺼내지 못했다. 저녁 늦게까지 일하고 녹초가 된 엄마에게 아이를 돌보는 일에 소홀함이 없어야 한다고 아무렇지 않게 이야기하는 사회, 일자리를 잃은 사람에게 다시 일어설 기회를 주기는커녕 무자비하게 짓밟아 끝없는 나락으로 떨어지게 하는 사회가 그 친구에겐 정말 상상하기 힘든 먼 나라의 이야기가 아니겠는가.

2

아들이 초등학교에 다닐 때였다. 같은 반 남자아이들 중에 검은색 큰 눈망울에 짙은 눈썹을 가진 아이가 있었다. 프랑스 영화에서 한 번쯤 봤을 법한 얼굴이었다. 마주칠 때마다 수줍어하고 말도 잘 하지 않길래 엄청 조용한 아이라고 생각했다.

"N이랑 한번 만나서 놀자고 할까? 근데 N은 좀 수줍음이 많은 것 같아. 학교에서 말도 별로 없지?"

"아니야, 엄마! N은 무지 개구쟁이야. 말도 많이 해."

N의 엄마와 아들을 데리러 가는 길에 종종 이야기를 나누게 되었다. 하루는 이런저런 이야기를 하다 그녀가 내게 물었다.

"어떻게… 둘째 가질 계획이야?"

"아니, 내 나이도 만만치 않고 포기했어. 너는?"

내 이야기를 듣던 N의 엄마가 무덤덤하게 대답했다.

"나? 나는 싱글맘이라서 아직 만나는 사람도 없고, 혹 나중에라도 괜찮은 사람을 만나면 생각해볼래."

결혼을 했다가 헤어진 건지, 동거를 하다 헤어진 건지는 물어보지 않았다. 다른 엄마들도 마찬가지였다. 아무도 신경 쓰지 않는 듯했다. N의 엄마는 당당했고 다른 엄마들도 그녀를 아무 거리낌 없이 대했다. 엄마 혼자 아이를 키운다고 이상하게 보거나 그 이유를 궁금해하지도 않았다. 아이가 다른 아이들에게 놀림을 받지도 않았다.

독일에서는 부모가 모두 있든 어느 한쪽만 있든 거리낌 없이 모두 '가족'의 형태로 받아들인다. 아이를 혼자 키워야 하니 사회와 지역 공동체에서 더 많이 도와줘야 한다고 생각할 뿐이다. 또한 도움이 필요한 사람이 내미는 손을 기꺼이 잡아주지만 사생활의 영역까지 쓸데없이 침범하지는 않는다. 이렇게 잘 발달된 이곳의 개인주의는 여름의 꿉꿉한 습기를 날려버린 초가을처럼 상쾌하다는 생각이 들었다.

학교 정문 앞에서 마주친 N의 엄마 손에 커다란 케이크 상자가 들려 있었다. 아이들의 생일이면 엄마들은 케이크나 머핀을 굽고, 아이들은 그걸 학교에 가져와 선생님, 친구들과 다 같이 나눠 먹는다.

"N 생일이야?"

"응. 실은 어제였는데 내가 시간이 없어서 머핀을 못 구웠거든. 그래서 오늘 가져왔지, 뭐. 보여줄까? 내가 구운 거?"

상자를 여니 한눈에 보기에도 맛있어 보이는 머핀과 알록달록한 예쁜 쿠키들이 잔뜩 들어 있었다. 베이킹이 취미라더니 솜씨가 예사롭지 않았다.

"와! 맛있겠다. 근데 너무 예뻐서 이거 어떻게 먹냐?"

내 이야기를 듣고 함박웃음을 짓던 N의 엄마는 뚜껑을 닫고 교실로 향하며 말한다.

"어제 생일이라고 내가 숙제 안 해도 된다고 했는데, 선생님이 이해해주시겠지?"

한쪽 눈을 찡긋하며 살며시 웃던 그녀는 총총걸음으로 학교 건물 안으로 사라졌다.

아이가 잘 자라는 사회가
건강한 사회

2018년 9월이었다. 신문에 난 기사 한 줄이 눈에 들어왔다. 한 국회의원이 자신의 선거구를 위해 800억 원대 예산을 확보했다는 소식°이었다. 그가 속한 지역구의 신문이 전한 소식에 따르면 그가 '예산 전문가로서의 역량'을 발휘해 엄청나게 많은 예산을 마련했다는 것이었다. 이명박, 박근혜 정부에서 기획재정부 제2차관을 지낸 그가 예산 심사 기간인 7월부터 온 힘을 다해 확보했다는 예산 827억 원. 나로서는 도저히 감이 잡히지 않는 이 어마어마한 돈이 어디에 쓰일 계획인지 궁금해서 기사를 계속 읽어보았다.

'국도 3호선 확장사업(265억), 국도 대체 우회도로 건설사업(130억),

° 「경북일보」, '송언석 의원, 김천시 2019년도 국비 827억 확보', 2018. 9. 2.

첨단자동차 검사 연구센터 건립(55억)….'

그가 생각하는 지역구의 주요 핵심사업이 무엇인지 조금 이해할 수 있었다. 그리고 이 예산을 확보하기 위해 그가 얼마나 많은 노력을 기울였는지도 기사를 통해 알 수 있었다. '예산실 모든 담당자와 약속을 잡아 기획재정부를 방문해 직접 사업의 당위성과 예산의 필요성을 상세히 설명'했다는 이야기가 덧붙여져 있었기 때문이다. 예산은 국가정책의 청사진이라고 할 수 있다. 경제학자인 조지프 슘페터는 국가의 예산을 보면 그 국가의 미래가 보인다고 했다. 대한민국 국회에서도 매년 말이면 국가의 미래에 대한 여러 이야기가 오간다.

또 다른 한 신문에는 "여성가족부는 한부모 가족 복지시설 지원사업 가운데 시설 아이 돌봄서비스 지원사업 예산 61억을 신규로 올렸다"는 기사가 났다. 한부모 가정의 가장이 일을 하는 동안 아이를 돌봐줄 사람이 필요한데, 정부가 이를 재정으로 지원하겠다는 것이다. 시설에 입주해 있는 한부모 가정은 지난해 말 기준으로 1,554세대에 이르는데 이들의 경제적 상황은 매우 어렵다고 전해진다. 그동안 이 비용을 개인이 내거나 시설에서 일부 부담해왔는데 이를 정부에서 지원하겠다고 나섰다. 그 비용이 바로 61억 원이었다.°°

그런데 국회에서 이 돈의 일부도 아니고, 전액을 삭감하자는 정치인이 있었다. 바로 자신의 지역구 사업에 쓸 800억 원대의 예산을 확보한 그 정치인이었다.

"모든 걸 국가가 책임지는 것은 곤란합니다. 국가가 한번 들어가기 시작하면 다른 유형의 기관시설에도 계속 영향을 미칠 수 있어요. 감액해야 된다고 생각합니다."

국가가 모든 걸 책임지는 건 곤란하다는 그의 이야기를 듣고 나는 많은 생각이 오갔다. 그 말 속에 복지를 바라보는 그의 생각이 고스란히 담겨 있는 것 같았기 때문이다.

"저도 현직 차관에 있을 때 방문도 했고 봉사도 했기 때문에 충분히 이해합니다. 그런데 재정 운영을 볼 때 개별적으로 호의적인 감정적인 감성적인 그런 부분으로 들어간다는 것이 차후에 영향을 미치는 점에서 중요합니다."

연이은 그의 이야기를 듣고 있자니 명치끝이 조금 답답해져왔다. 독일에서 10여 년간 살면서 느낀 것은 한부모 가족에 대한 지

○○ 「한겨레」, '예산 깎으면 시설 한부모 아이들 고아원… 울먹인 기재부 차관', 2018. 11. 26.

원이 상당히 잘되어 있다는 점이다. 아이가 있는 집이라면 응당 받는 아동수당부터 양육비에다 경우에 따라서는 생계비도 지원받을 수 있다. 또한 한부모 가정은 사회에서 어떤 부분이든 항상 우선순위로 배려를 받는다. 자신이 일하는 동안 아이가 학교 수업을 마치고 머물러야 할 돌봄교실에서도 지원자가 몇 명이든 한부모 가정이면 1순위로 들어갈 수 있다. 독일 정부가 한부모 가족의 자녀 보육 문제를 개인의 문제가 아닌 국가의 주요 업무라고 생각하기 때문이다.

복지는 경제적 상황이 어려운 사람에 대한 동정이 아니라 국가의 기반이 되는 모든 가정을 보호하고 뒷받침하는 일이고, 따라서 정부가 당연히 해야 하는 일이라는 게 이 사람들의 생각이다. 그리고 그 뒷받침으로 인해 독일 사회가 건강히 순항하고 있다고 느낀다. '건강한 사회는 아이가 처한 환경이 어떻든 잘 자랄 수 있게 하는 사회'라는 말을 이곳에 살면서 실감하고 있다. 그리고 이런 일은 독일뿐만이 아닌 걸로 알고 있다. 요즘 흥미롭게 읽고 있는 책 속에 이런 대목이 있었다.

"영국과 미국은 1970년대까지는 지금과 달리 매우 평등한 환경이었는데, 1980년부터 불평등이 증가했다. 그 불평등은 1990년대 초반에 정점을 찍었다. 현재는 높은 불평등이 지속되는 상황이다. (…) 윌킨슨은 소득 불평등이 증가되는 시기에 성장한 아이들이 더 폭력적이고, 더 많은 폭력적인 집단을 유발한다는 연구결과를 들려주었다. '평등과 건강, 사회의 결속은 함께 갑니다. 살인율과 자살률이 급격히 증가한다면, 거기에는 실업률이 증가했다거나 하는 사회적인 원인들이 꼭 있습니다. 특히 한부모 가정 연구에 대해 말해주고 싶은데요. 보통 한부모 가정에서 자란 아이들이 발달이 좋지 않은 현상을 보일 때가 있어요. 가장 심각한 원인은 대부분 경제적인 데서 나옵니다. (…) 하지만 조사 결과 스웨덴과 노르웨이, 핀란드, 네덜란드 같은 나라에서는 한부모 밑에 있는 아이들도 매우 높은 수준의 웰빙을 누렸습니다. 국가가 자기 아이들을 빈곤에 빠지지 않도록 지키고 있었기 때문이에요.'"ㅇ

예산이란 각각의 이해를 가진 집단이 서로의 이익을 관철시키기 위한 싸움의 결과다. 한 나라가 바라보고 있는 곳이 어디인지 우리는 예산 정치를 보면서 가늠할 수 있다. 이미 상임위원회에서 17억 원이 삭감된 이 예산이 앞으로 어떻게 결정될지 정말 궁금한 이유다. 지구 반 바퀴 떨어진 곳에서 '모든 걸 국가가 책임지는 것은 곤란하다'는 그 정치인의 말을 듣고 있자니, 얼마 전 세상을 떠난 고 최인훈 선생의 말을 그에게 들려주고 싶다는 생각이 들었다.

ㅇ 『문명, 그 길을 묻다』 (안희경 지음. 이야기가있는집)

"열 손가락 깨물어서 안 아픈 손가락이 없다는 말이 있다. 중요한 장기가 병들든, 손끝에 가시가 하나 박히든 그 중요성에 있어서는 마찬가지다. 인간의 육체는 심장이 손가락을 소외시키는 일이 없다. 그러나 어떤 국가, 사회, 제국도 그렇게 순수한 육체의 조화로운 통일과 같은 유기성은 없다는 데 문명의 모순이 있다. 가령 어떤 사회에도 '천국이 따로 없다'고 생활하는 사람들이 있는가 하면 기본적인 물질적, 정신적 보장조차 못 받는 사람들이 공존한다. 물론 한쪽이 억압받는다고 해서 전체로서의 사회나 국가가 어떤 일다운 일을 못 하거나 생산력을 발휘할 수 없느냐 하면 그것은 아니다. 한쪽은 병들어 있으면서도 몸 전체는 위대한 행동을 할 수도 있고 부인할 수 없는 유산을 남길 수도 있다. 어쨌든 그 사회에서 혜택을 받는 사람들은 염려하지 않아도 된다. 문제는 나머지 부분인데 그 부분을 어떻게, 어느 정도 아파하느냐 하는 것이 인류 역사 발전의 척도라고 할 수 있다."ºº

우리가 인류 역사의 발전까지 논하기는 어렵다 해도 국가 예산안을 마련하는 일을 오랫동안 했다는 그 정치인에게, 재산이 40억 원이 넘는다는 그에게, 시설에 입주해 있는 1,554세대의 한부모 가정을 위한 61억 원에 대해 물어볼 수는 있지 않을까, 지금.

ºº 『길 위의 독서』 (전성원 지음, 뜨란)

인간으로 살기도
힘들다

처음 독일에 와서 한국에서의 생활과 다른 몇 가지에 놀라곤 했는데, 우편물이나 택배 배달에 관한 것도 그중 하나였다. 한국에 있을 땐 음식뿐만이 아니라 슈퍼마켓에서 장을 본 것도 배달이 가능하고, 온라인으로 주문한 물건을 하루, 이틀이면 바로 받아볼 수 있었지만 독일은 그렇지 않았다. 비교적 가까운 거리의 다른 도시에서 오는 것도 며칠이 걸리고, 게다가 우편물이나 택배를 받는 시간은 늘 오전이나 늦어도 오후 서너 시까지 정도였다. 그 이후 시간은 우편물이나 택배가 전해지지 않는다. 크리스마스 휴일 전과 같은 특수한 경우를 제외하면 보통 독일에서는 저녁 늦은 시간까지 택배나 소포가 배달되는 일이 없다.

또 하나 놀라웠던 점은 가끔 내가 없는 동안 택배 회사나 우체국에서 다녀간 경우 달랑 한 장의 쪽지가 남겨지는 게 다라는 사실이다. 이웃집 누구누구에게 맡겨뒀으니 찾아가라던가 시내 우체국에 와서 찾아가라는 메시지였다. 수신인의 손에 물건이 건네지기까지 배달원이 몇 번씩 방문해야 하는 한국의 경우와 달랐다.

솔직히 처음엔 이런 점들이 무척 불편했다. 모든 일이 착착 빨리 진행되는 한국에서 30여 년 살다 온 내게 이곳의 모든 시스템은 마치 슬로모션으로 영화를 보는 것 같은 답답함을 안겼다. 인터넷 설치하는 것부터 온라인으로 물건을 주문하고 받는 일까지 모든 게 느렸다. 그러던 내가 주문한 물건을 일주일, 때론 2~3주일도 기다리는 게 하나도 이상하지 않을 만큼 익숙해지자 문득 이런 질문이 머릿속에 떠올랐다. 한국에서는 그 모든 게 어떻게 가능했을까? 어떻게 모든 일이 속전속결로 처리될 수 있었을까?

한국의 12년 차 택배 기사의 하루를 기록한 모 방송국의 영상을 본 적이 있다. 그 영상 속 택배 기사는 새벽 5시 반에 출근길에 나서서 오전 7시부터 오후 1~2시까지 소위 '까대기'라 불리는 작업을 하고 있었다. 이 작업은 배송을 시작하기 전에 트럭에 실려 있는 배송품들을 분류하는 작업을 말하는데, 보통 일곱 시간 정도 걸린다고 한다. 일곱 시간이나 걸리는, 그야말로 쉽지 않은 이 일을 하면서 그가 받는 돈은 없었다. 분류 작업을 택배 기사 고유의 업무라고 규정한 회사의 방침 때문이었다. 이렇게 돈 한 푼 받지 못하는 분류 작업을 하고 난 그는 조금이라도 빨리 퇴근하기 위해 끼니도 차 안에서 해결하고 있었다. 계단에서 물건을 들고 뛰다가

다친 몸 때문에 진통제를 삼키고, 주먹밥을 입속에, 그야말로 밀어 넣은 그가 그날 맡은 물량을 모두 배달하고 퇴근해 집에 도착한 시간은 밤 10시였다.

종이 한 장 들어갈 틈도 없어 보이는 그의 빡빡한 일상도 놀라웠지만, 그가 그렇게 많은 일을 하고도 회사의 보호조차 제대로 받지 못한다는 사실이 더 놀라웠다. 한국의 택배 기사들은 근로기준법의 적용을 받지 못하는 특수 고용직에 속한다. 개인 사업자로 등록되어 있어서 회사로부터 아무런 혜택도 받지 못하지만 회사의 모든 규정을 따르고 정시에 출근해야 하는, 아마도 한국에만 있을 것 같은 특이한 개인 사업자인 셈이다.

택배 차량의 도색도, 그들이 배달할 때 입는 옷조차 회삿돈이 아닌 사비로 지출해야 하는 택배 기사들은 배송품이 고객의 손에 쥐어지기 이전에 파손된 배송품에 관해서도 모든 책임을 져야 한다. 그런데 이 와중에 회사는 건당 수수료까지 깎았다고 한다. 영상 속 택배 기사는 밤 10시가 되어 도착한 집에서, 운 좋게도 아직 잠들지 않고 아빠를 기다리던 어린 아들과 잠깐 놀면서 고단했던 하루를 겨우 마감하고 있었다.

"2016년 12월 가평우체국 집배원 김 아무개 씨가 한 다세대주택 계단에서 택배 상자를 든 채 쓰러졌다. 급히 병원으로 이송됐지만 김 씨는 결국 숨을 거두었다. 2017년 2월에는 가평우체국의 또 다른 집배원 한 명이 스스로 목숨을 끊었다. 두 명의 공백이 생겼음에도 인원 충원은 없었다. 결국 6월 9일, 이들의 빈자리를 메우며 일해야 했던 같은 우체국 집배원 용 씨가 우체국 휴게실에서 쓰러졌다. 전날 비를 맞으며 늦게까지 우편물을 배달한 그는 이날도 꼭두새벽에 출근해 잠시 휴식을 취하다 뇌출혈로 쓰러진 후 다시 일어나지 못한 것이다."◦

"과중한 업무시간, 강도 높은 노동은 택배 회사의 이야기만은 아니었다. 과로에 시달리다 갑작스러운 죽음을 맞는 집배원들의 소식을 듣는 일이 낯설지 않을 만큼 잦다. 이 믿기 힘든 소식들만큼이나 충격적인 건 이들을 대하는 회사의 태도다.
'두렵다. 이 아픈 몸 이끌고 출근하라네. 사람 취급 안 하네. 가족들 미안해.'"◦◦

신문 기사에 실린 구겨진 종이 사진이 내 눈에 들어왔다. 서광주우체국 소속으로 15년 동안 근무해온 집배원 고 이길현 씨가 남긴 유서였다. 그는 오토바이를 타고 집배 업무를 보던 중 중앙선을 침범한 차량과 충돌해 다리에 부상을 입었지만, 몸이 완쾌되지 않

◦ 「시사저널」, '토요일 택배, 집배원 사망에도 강행하는 죽음의 우체국', 2017. 6. 22.
◦◦ 「경향신문」, '우체국, 무사고 달성하려 교통사고 환자 병가 처리', 2017. 9. 7.

은 상태에서 출근 압박에 시달려야 했다. 그리고 2017년 9월 5일, 그는 유서를 남기고 스스로 목숨을 끊었다.

전날 밤에 인터넷 주문을 하면 이른 아침 문 앞에 신선하게 포장된 아침 식사가 도착해 있고, 전날 밤에 주문한 물건들이 그다음 날 아침이면 도착하는 놀라운 세상에서 우리는 살고 있다. 주문한 물건이 그다음 날 바로 도착하지 않으면 '택배가 왜 이렇게 느려요'라는 말이 나오는 세상이다.

이 빠르고 편리한 세상과는 180도 다른, 지구 한 켠의 느려터진 세상에서 살고 있는 나는 잠시 생각해보게 된다. 누군가의 목숨을 갈아 넣은 편리함은 과연 우리에게 안락함만을 가져다줄 것인가? 누군가의 저녁 시간을 빼앗고, 누군가의 목숨이 위험해질 수도 있는 상황과 맞바꾼 신속하고 편리한 시스템으로 우리는 과연 행복해질 수 있을까? 그런 시스템 속에서 우리는 언제까지 안전할 수 있을 것인가?

이길현 씨가 남긴 마지막 말이 자꾸만 생각난다. 그리고 나는 영화 〈일 포스티노〉 속 집배원 마리오가 감명받았다며 읊조리던 네루다 파블로의 시 한 구절을 탄식처럼 내뱉는다.

"인간으로 살기도 힘들다."

장애를 바라보는
시선

1

내가 피아노 반주자로 들어가는 오이리트미Eurythmie° 수업 중에는 3학년 수업도 있다. 저학년 수업에서는 담임 선생님이 수업을 받는 아이들과 함께 동작을 취하는데, 내가 맡은 3학년 수업시간에는 담임 선생님 말고 또 한 명의 선생님이 들어온다. 그 이유는 다운증후군을 앓는 아이가 있어서인데, 오로지 이 친구만을 위해 한 명의 교사가 특별히 수업에 더 참여한다. 한 아이만을 위해 특별히 파견된 보조교사.°° 세금은 이렇게 쓰여야 한다는 생각이 들었다.

° 발도르프 학교에만 있는 수업으로, 간단히 설명하자면, 문자, 음악 기호, 인간의 감정 등 모든 것을 몸으로 표현하는 수업이다. 그래서 이 과목 수업에는 교사와 함께 피아노 반주자가 필요하다.

2

한나는 장애가 있는 아이들의 학교에서 보조교사로 일하는데, 그러면서 알게 된 좋은 친구들이 있다며 내게 소개해주었다. 알고 보니 이들은 내가 살고 있는 집에서 가까운 곳에 위치한 유치원의 교사들이었다. 비비아나와 율리아를 나는 그렇게 알게 되었다. 이 친구들이 일하는 유치원은 독특하게도 장애가 있는 아이들과 없는 아이들이 함께 지내는 곳으로, 이웃집 할머니가 말씀해준 '좋은 유치원' 중 하나였다. 유감스럽게도 내 아들이 유치원에 들어갈 시기엔 자리가 없어서 포기해야 했다. 그만큼 늘 대기자가 많다는 이야기다.

그렇다고 이 유치원이 무슨 특별한 교육을 하는 건 아니다. 외국어를 가르친다거나 시설이 좋다거나 독특한 교육방식을 가지고 있는 것도 아니다. 다만 이 유치원 아이들은 한 교실에서 같이 놀고 부대끼면서 서로에게 배운다. 이 세상에 완벽한 사람은 없다는 것, 그래서 인간은 서로가 서로를 필요로 하는 존재라는 것, 서로 기대어 산다는 것을 말이다.

2017년 여름, 트리어 시립 오페라단과 한나의 학교가 함께 프로젝트를 진행했다. 시립 오페라단의 오페라 공연에 한나의 학교

○○ 정식 교사는 아니고 아이가 학교생활에 잘 적응할 수 있도록 도와주는 도우미다. 학교가 트리어 시에 정식으로 요청하자 시에서 파견하였다.

아이들이 출연한 것이다. 아이들은 극 중 지나가는 행인으로, 카페에서 일하는 사람으로, 때론 기타를 치며 노래하는 가수로 오페라 공연에 참여하였다. 아이들 각자가 가지고 있는 장기들이 공연에 자연스럽게 녹아들었다. 물론 몸이 불편하거나 학습장애가 있는 아이들을 데리고 공연을 준비한다는 게 쉽지는 않았을 것이다. 하지만 한나와 동료 교사들 그리고 시립 오페라단 단원들은 기꺼이 함께 작업해주었고, 그 결과물은 정말 눈이 부셨다.

공연만큼이나 아름다웠던 건 객석에 앉아 있던 트리어 시민들의 박수 소리였다. 아이들이 등장할 때마다 사람들은 환호하며 뜨거운 박수를 보냈다. 유치원에 다니던 제자가 훌쩍 커서 무대에 오른 모습을 본 비비아나가 눈시울을 적시던 모습과 아이들에게 뜨거운 환호를 보내던 시민들의 모습은 아직까지 내 마음속 깊이 남아 있다.

3

얼마 전이었다. 지인의 부탁으로 한국어로 쓰인 짧은 편지글을 독일어로 번역할 일이 있었다. 독문과 출신도 아니고 그저 독일어 어학연수 경험이 전부인, 그야말로 '동네 독어' 정도를 구사하는 나는 사전을 들고 낑낑대면서 번역을 했고, 한나에게 내가 쓴 글을 보여주며 수정이나 보완할 점이 있는지 봐달라고 부탁했다. 그 글에는 '장애인'이라는 표현이 있었는데, 나는 독일어 사전에도 나와 있고 보편적인 표현이라 생각한 'Behinderte'라는 단어를 썼다. 그런데 내 글을 본 한나는 그 표현을 다른 말로 바꿀 것을 권했다.

"예전엔 이런 말을 썼지만 지금은 잘 안 써. 대신 이렇게 써."

한나가 내게 알려준 말은 조금 더 긴 말이었다. Mensch mit Behinderung, 그러니까 '장애가 있는 사람'이란 뜻의 이 말은 사람이란 단어 Mensch를 앞에 쓰고 뒤에 그 사람에 대한 부가 설명을 덧붙인 것이다. 그 시대의 말은 그 시대를 살아가는 사람들의 생각과 세계관을 고스란히 보여준다고 한다. 시기마다 유행했던 말들을 정리해보면 당시 사회가 어떤 모습이었는지 유추해볼 수 있는 이유다. 간단한 단어 대신 굳이 저 긴 표현을 쓰는 사람들…. 그 표현에는 세상을 바라보는 이곳 사람들의 시선이 고스란히 묻어나 있었다.

4

'유모차와 휠체어가 갈 수 없는 곳은 없다.' 독일에서 10여 년째 생활하며 느낀 점이다. 이곳에 와서 제일 처음 놀란 것은 버스였는데, 계단이 없고 바닥이 매우 낮아서 유모차를 밀고 그대로 버스에 오를 수 있었다. 버스 뒷문 쪽에는 아예 유모차와 휠체어를 위한 자리가 마련되어 있다. 사람이 뒷자리까지 꽉 찬 경우에도 유모차나 휠체어가 버스에 오르는 순간이면 사람들이 양쪽으로 쫙 갈라지는 현대판 모세의 기적을 매번 보게 된다.

또한 버스 뒷문 바로 앞에는 작은 손잡이가 있는 보조판 같은 게 있는데, 이걸 내리면 바로 길로 연결되어서 휠체어도 쉽게 버스에 오르내릴 수 있다. 버스 시스템만큼이나 놀라운 일은 또 있다. 휠체어를 탄 사람의 동행인이 이 보조판을 내리는 경우도 있지만, 동행인이 없더라도 아무 문제가 없다는 거다. 버스 뒷문 쪽에 있는 사람들은 누구라고 할 것 없이 그 보조판 내리는 일을 기꺼이 하는데, 그러는 동안 버스는 움직이지도 않고 서 있다. 여기에 불평하는 사람을 나는 아직 한 명도 본 적이 없다. 이 편리한 대중교통을 이용해 모든 사람들은 자신이 원하는 곳에 얼마든지 갈 수 있다.

지은 지 얼마 되지 않은 건물에는 휠체어나 유모차가 올라갈 수 있는 평평한 길이 꼭 있고, 오래된 관공서나 은행 같은 곳에도 턱이 없는 길이 따로 마련되어 있고, 그것마저도 여의치 않은 경우에는 휠체어용 엘리베이터가 있다. 가장 감탄스러운 것은 육교다. 찻길 위로 나 있는 육교는 내가 상상했던 계단이 아니었고, 평평한 길이어서 휠체어도 유모차도 힘들지 않게 건널 수 있었다. 이런 시스템은 장애가 있는 아이들이 자라는 환경에도 잘 적용되어 있다.

한나가 보조교사로 일하고 있는 학교는 트리어 시내 중심가에 있고, 시내에서 그리 멀지 않은 우리 동네 주택가에도 장애가 있는 아이들을 위한 학교가 있다. 아이들은 자주 학교 선생님들과 동네 마실을 나와 사람들 사이에 섞여 장을 본다. 그러다 보니 계산대에 서서 선생님과 친구와 이야기를 주고받으며 기다리는 아이들을 자주 볼 수 있다. 어느 아이는 목소리가 크고, 어느 아이는 가끔 독특한 행동을 반복하기도 하지만, 슈퍼마켓에서 장을 보는 어느 누구도 아이들을 이상하게 쳐다보지 않는다. 그도 나도 다르지 않다는 이런 공통된 인식은 사회 시스템뿐만이 아니라 서로를 대하는 자세에서도 엿볼 수 있다. 휠체어를 탄 사람들이 버스를 타고, 슈퍼마켓에 가서 장을 보고, 은행이나 관공서에 가고, 장애가 있는 아이들이 집 근처 학교에 다니는 일이 이곳에서는 특별할 것 없는 일상이다.

이 당연한 일이 내가 태어나고 자란 나라에서는 그렇지 못하다는 것 정도는 나도 알고 있었다. 하지만 노들 장애인 야간학교 교장인 박경석 씨에게 검찰이 2년 6개월을 구형한 사건은 도무지 이해가 가지 않는다. 검찰이 그에게 구형한 죄는 집회 및 시위에 관한 법률(집시법) 위반, 일반교통방해 그리고 공동주거침입 및 공동재물손괴 등의 명목이었다. 박경석 교장은 재판을 받으면서 스스로 마지막 변론을 써 내려간다.

"존경하는 재판관님. 우리 노들 장애인 야학 학생이 저에게 이런 말을 한 적이 있습니다. '선생님. 저는 개새끼입니다.' 깜짝 놀랐습니다. 왜 그런 말을 하는지 궁금했습니다. 그 학생은 35년만에 처음 세상 밖으로 나왔고 노들 야학을 다니면서 글을 배우기 시작했습니다. 어릴 적에는 집구석에만 있었고, 그가 들은 말은 출근하시는 부모님에게서 '밥 먹어라. 집 잘 봐라', 퇴근 후 귀가한 부모님에게 '밥 먹었냐. 집 잘 봤냐'는 게 전부였습니다. 동생 친구들이 집에 놀러 오면 구석방으로 비켜서 혼자 지내야 했습니다. 그래서 그는 자신을 '개새끼'라 여겼답니다.

장애인들은 방구석과 시설에서 쓸모없는 폐기물로 살아가고 있습니다. (…) 그래서 그 가족이 그 자식을 개새끼처럼 묶어두고 있습니다. 그것도 부담스러우면 장애인을 수용하는 시설로 보내버렸습니다. (…) 제가 참여했던 모든 집회와 시위는 중증장애인들이 이 세상에서 '폐기물'로 처분당하지 않기 위함이었습니다. 절박한 심정으로 소리 높여 외친 목소리였습니다. 그 목소리를 내는 일은 이 사회에서 무척 외롭고 힘든 일입니다. 그래도 포기하지 않고 그들이 자신의 목소리로 그 권리를 노래할 수 있게 해주십시오."

_박경석 전국장애인차별연대 상임공동대표의 최후 변론 중에서

그가 쓴 글을 읽고 나는 한참을 멍하니 앉아 있었다. 지구 한 켠 어느 나라에선 당연한 일상이 지구 한 켠 다른 나라에서는 당연하지 않은 일이라는 사실도 몹시 화가 나는데, 그 당연한 일상을 누리기 위해 모든 것을 걸고 싸워야 하고 감옥에 가야 하는 현실이 아득하게 다가왔다. 집회와 시위에 관한 법이 '모든 국민은

법 앞에 평등하다. 누구든지 성별·종교 또는 사회적 신분에 의하여 정치적·경제적·사회적·문화적 생활의 모든 영역에 있어서 차별을 받지 아니한다'라는 대한민국 헌법 제11조 1항에 우선할 수 있을까?

　법원의 판결은 늘 이 사회의 모습을 적나라하게 보여주는 잣대였다. 짐승의 세상에서 인간의 세상으로 나아가는 한 걸음이 되기도 했고, 다시 짐승의 세상으로 역주행하는 뒷걸음질이 되기도 했다. 2012년 10월, 화재로 집안에서 사망한 뇌성마비 중증장애인 김주영 씨의 노제가 열리던 날, 박경석 교장은 행진을 막고자 경찰이 쳐놓은 폴리스 라인을 넘으며 이렇게 절규한다.

"고인이 살아 생전 꿈꿔왔던 것이 무엇이었겠나? 한 번이라도 자유롭게 다녀보는 것이다. 그러니 벌금이든 뭐든 다 맞을테니 이 길을 열어달라."○

이제 그의 절규가 그만의 절규로 끝나지 않았으면 좋겠다.

○「오마이뉴스」, '하루 5억 원짜리 삶, 이 사람 부럽다', 2014. 4. 6.

마늘과
사우어크라우트 스프

1

하루는 아들의 담임 선생님으로부터 학교에 와달라는 전화를 받았다. 무슨 일이냐고 묻는 내게 선생님은 큰일은 아니고, 그저 잠깐 이야기할 것이 있으니 시간을 내어달라고만 했다. 전화로 하지 못할 이야기는 또 무엇인가. 걱정스러운 마음으로 한달음에 학교로 갔다. 나를 본 그녀는 주위를 살피더니 작은 목소리로 말했다.

"저, 몇몇 학부모들이 제게 불만을 제기해서요…."

"네? 무슨…."

"그게 몇몇 아이들이 다니엘한테서 마늘 냄새가 난다고 같이 못 앉겠다고 하는 거예요."

학부모들 대부분은 친절했고 우리와 가족처럼 지내다시피 했는데, 소수의 몇몇 학부모는 인사를 해도 잘 받아주지 않고 눈도 마주치지 않으려고 했다. 누구라고 콕 집어서 말을 하지는 않았지만 나는 누군지 대략 짐작할 수 있었다. 사실 담임 선생님의 전화를 받고 며칠 전 일이 신경 쓰이던 참이었다.

아들을 데리러 학교에 간 날이었다. 몇몇 엄마들이 학교 정문 앞에 모여 이야기를 하고 있었다.
"왜? 무슨 일 있어?"
다들 약간 화난 얼굴로 무언가를 열심히 이야기하고 있어서 궁금했다.
"아니, 오늘 수업시간에 담임 선생님이 아이들 얼굴 가까이에 코를 대고 킁킁거리면서 냄새를 맡더래. 그러더니 어디선가 마늘 냄새가 나는데, 앞으로 우리 반에서는 그런 냄새가 나지 않았으면 좋겠다고 말했다는 거야. 애들 앞에서 그게 뭐냐고, 도대체! 선생님이 그런 모습을 보이는 건 교육적으로 좋지 않다고 생각해!"
비올라는 조금 화가 난 목소리로 말했다. 그 일이 있기 바로 전날, 나는 감기에 걸린 아들에게 마늘과 생강을 잔뜩 넣은 닭고기 국을 끓여 먹였다. 독일에 온 후 마늘은 정말 조심하고 또 조심했는데, 그래도 아픈 애한테 한 번 정도 먹이는 건 괜찮지 않을까 하는 생각에서였다. 십중팔구 아들에게서 난 냄새였을 거라는 생각이 들었다.
"내가 어제 마늘 잔뜩 넣고 국을 끓여서 애한테 먹였거든. 다니엘 감기가 잘 안 떨어져서…."

내 말을 듣고 비올라가 말했다.

"너희만 마늘 먹는 거 아니야. 우리도 먹어. 너 우리 집 부엌에 마늘 있는 거 봤잖아? 그리고 담임 선생님이 우리 딸한테도 그런 말을 한 적이 있어. 애가 중이염이 심할 때 내가 생양파를 갈아서 먹였거든? 그랬더니 다음 날 우리 애한테 양파 냄새가 많이 난다고 안 먹었으면 좋겠다고 했다는 거야. 이건 정말 담임 선생님의 문제야!"

마늘 그리고 생양파즙. 내 머릿속에 이 두 단어가 하루살이처럼 윙윙 날아다녔다.

"음…. 그러니까 요리하실 때 마늘을 조금만 줄여서 넣어주시면 안 될까 해서요."

담임 선생님은 미간을 살짝 찌푸리며 말을 이었다. 그녀는 집게손가락과 엄지손가락으로 '요만큼' 하고 제스처를 취하며 내게 조금 미안하다는 표정을 짓기도 했다.

"조금 줄인다는 말은 상당히 주관적인 표현이잖아요. 한 포대 먹던 사람이 요만큼 줄이는 거랑 한 숟가락 먹던 사람이 요만큼 줄이는 거랑은 엄청 다른 것 아니겠어요?"

나는 한숨을 푹 내쉬며 말했다. 담임 선생님은 내 말에 뭐라고 답도 하지 못한 채 잠깐 어색하게 웃어 보였다.

"아니, 저, 그냥 조금만… 그러니까 드시던 양에서 어떻게 좀 줄여주시면…."

나는 선생님을 잠시 쳐다보다가 입을 열었다.

"오늘부터 제 아들이 졸업하는 날까지 저희 마늘 안 먹을게요. 그러니까 이 문제는 이렇게 마무리하면 좋겠습니다."

2

그다음 날, 아들을 집에 데려가는 길에 만난 비올라가 잘 지냈냐고 물어왔고, 나는 그러지 못했다고 희미하게 웃으며 대답했다. 그녀가 무슨 일이냐고 물었지만 다음에 이야기하자고 말을 아꼈다. 그런데 무언가 이상하다 싶었는지 곧 전화를 걸어왔다.

"무슨 일인지 모르겠지만 네 곁에 우리가 있잖아. 안 그래?"

수화기 너머로 비올라의 목소리를 듣는데 갑자기 울컥 눈물이 나려고 했다.

"네가 그렇게 이야기해줘서 나 벌써 기분이 좋아졌다."

"그래? 그것 참 다행이다. 그런데 와인 한잔하면서 수다를 떨면 아마 조금 더 좋아질 거야."

그렇게 저녁 식사를 마치고 아들이 잘 준비를 끝내자 나는 남편에게 배턴을 넘기고 과자 두 봉지를 들고 집을 나섰다. 걸어가는 내내 이가 딱딱 부딪힐 만큼 차디찬 바람이 얼굴을 때렸지만 얼마만의 밤마실인지 흥얼흥얼 절로 노래가 나왔다.

비올라, 한나와 함께 식탁에 앉았다. 비올라가 와인을 꺼내 내게 따라주었고 술을 잘 못 하는 한나는 사과 주스를 마셨다.

"아이들이 또 성큼 자랐더라고. 작년만 해도 정말 어렸거든. 근데 올해는 내가 별로 해줄 게 없더라."

아이들 자라는 이야기에 직장 이야기, 살림하는 이야기, 와인 한 모금에 유별날 것 없는 평범한 하루와 감자칩이 입안에서 두루두루 섞였다. 그리고 두 친구는 내게 조심스레 물었다.

"무슨 일이 있었어? 우리한테 이야기해봐."

나는 담임 선생님에게서 들었던 이야기며 내가 그녀와 나눈 대화를 들려주었다. 마늘로 시작한 대화는 담임 선생님의 문제 해결 방식과 몇몇 학부모의 닫힌 사고에 대한 성토를 지나 다른 문화를 대하는 자세와 인종차별에 관한 이야기로 길게 이어졌다. 두 친구는 내 이야기를 귀 기울여 들었고, 이야기 곳곳에 추임새를 넣으며 내 마음을 다독여주었다.

사실 음식 냄새와 체취는 상대적이라고 할 수 있다. 담임 선생님은 마늘 냄새에 괴로워하지만, 나 역시 그녀의 몸에서 나는 유제품 냄새가 익숙하지 않다. 낯선 냄새에 관한 한 인간은 이렇게 서로 피해자이면서 동시에 가해자기도 하다. 마늘 냄새로 벌어진 일은 나 자신을 돌아보는 계기도 되었다. 몇 번을 먹어도 적응이 잘 안 되는 향신료가 몇 개 있는데, 혹시 그 향신료가 든 음식을 먹으면서 누군가의 앞에서 나도 모르게 얼굴을 찌푸린 적은 없었는지 생각해보게 되었다.

생각해보니 다른 나라의 음식이나 향신료가 늘 낯설지는 않 다. 때로는 이국적인 음식에서 고향의 맛을 떠올린 적도 있었다. 아래층 할머니가 가끔 사우어크라우트Sauerkraut 수프를 끓이시는 데, 그 냄새에 고향 생각이 나 잠시 울컥했었다. 독일식 양배추 김 치라고 할 수 있는 사우어크라우트는 우리나라의 백김치 같은 맛 이 나는 음식인데, 그래서인지 여기에 소시지를 넣어 끓인 수프는 정말 딱 김치찌개 같았다.

재료도 요리 방법도 다른 이 두 음식이 자연스레 겹치던 날이 기억났다. 사람이란 자기와 완전히 다른 환경에서 태어나고 살아 온 사람이 만든 음식에서 느닷없이 고향의 맛을 떠올리기도 하지 만, 반대로 전혀 먹어보지 못한 낯선 향신료의 냄새에 거부감을 느끼기도 한다. 수십 년간 접해보지 못한 낯선 향신료와 그로 인 해 풍겨 나오는 타인의 낯선 체취는 아마 자연스럽게 몸의 반응을 이끌어낼 것이다.

사람의 코는 먹고 싶고 자고 싶은 일차적인 생물학적 욕구처럼 반응할 테고, 거기에 자라면서 축적된 '익숙한 것과 그렇지 않은 것'에 대한 데이터가 더해질 테니까. 낯선 냄새에 자연스레 몸이 반응하는 것 자체는 절대 잘못이 될 수 없다. 다만 우리가 그런 생 물학적 반응을 타인에게 전달하는 방법에 대해서는 동물이 아닌 인간으로서 한 번 더 생각해볼 수 있지 않을까.

이미 지구에는 많은 사람이 국경을 넘어 서로 섞여 살아가고 있다. 다른 언어를 쓰고 다른 음식을 먹고 다른 인사법을 가진 사람들이 모여 살면서 서로 다른 문화에 대한 이해가 부딪치는 풍경은 이제 낯설지 않다. 그렇다면 그런 문제를 어떤 관점으로 바라보고 풀어낼 것인가. 코를 킁킁대며 냄새를 맡고 인상을 쓰는 것보다는 조금 더 나은 인간다운 방법을 찾아낼 수 있지 않을까.

"외국에서 살기가 쉽지가 않지?"

이런저런 이야기 끝에 속상했던 마음을 털어놓는 내게 비올라가 말을 건넸다. 고개를 끄덕이자 한나가 장난스레 말을 이었다.
"그래도 이왕 이렇게 여기 온 거, 너 한 20년은 더 있다 가야 해. 우리랑 수다도 더 떨어야 되고, 독일도 좀더 알아봐야지. 모르잖아? 또 뭐 재미있는 게 있을지, 안 그래?"
와인 두 잔에 얼큰해진 얼굴로 집에 돌아와 누웠다. 알코올의 힘인지 친구들 덕분인지 오랜만에 잠이 쏟아졌다.

행운의
동전

1

아들이 학교에서 '중국놈'이라고 심하게 놀림을 받을 때였다. 비올라가 나를 위로해주며 몇 가지 이야기를 들려주었다. 아는 사람이 학생들을 대상으로 인종차별에 관한 강의를 하는데, 강의를 시작할 때면 먼저 칠판에 A부터 Z까지 적어놓는다고 했다. 그러고 나서 각각의 알파벳으로 시작하는 욕을 생각나는 대로 말해보라고 하면, 어느 학교 할 것 없이 아이들은 C에서 'Chinesen(히네젠)' J에는 'Juden(유덴)'을 이야기한다고 한다. 독일어로 Chinesen은 '중국인'을, Juden은 '유대인'을 가리키는 말이다. 나라와 민족을 일컫는 말이 욕이 되어버린 것이다. "얘들아, 이게 원래 욕이야?" 하고 물으면 아이들은 움찔한다고 한다.

"어른들한테서 배운 거지. 우리 윗세대들이 그런 말을 많이 썼는데 아직도 그게 남아 있는 거야."

비올라가 말했다. 생각해보면 꼭 독일에 국한된 이야기만은 아니다. 누군가를 비하하는 일은 이 나라 저 나라 할 것 없이 인간 세상에 늘 있어왔고, 바퀴벌레의 생존력만큼이나 강했고, 내일 해가 뜰 거라는 사실만큼이나 당연한 일처럼 일상 속에 자리 잡고 있다. ㄱ부터 ㅎ까지 칠판에 써놓으면 과연 어떤 욕들이 나오게 될까? 나는 가끔 궁금해진다.

2

외국인을 초대해 한국을 여행하며 겪는 에피소드를 보여주는 방송 프로그램을 본 적이 있다. 나는 마치 외국인이라도 된 듯한 기분으로 "와, 강남역이 저렇게 변했어? 와, 저긴 또 어디야?" 혼자 그렇게 감탄하며 그들과 함께 우리나라를 관광했다.

그런데 인도인이 출연한 에피소드는 좀 다른 느낌이었다. 다른 나라 출연자들이 대부분 어렸을 때부터 알고 지낸 친구들을 초대한 반면 이 사람은 사업을 하다 알게 된 친구들을 초대했는데, 그의 친구들은 인도의 부유층이라고 할 만한 사람들이었다. 친구들을 데려온 이유를 설명하며 그는 인도의 다른 모습을 보여주고 싶다는 이야기를 덧붙였다.

그를 한 번도 만난 적은 없지만 그가 왜 그런 말을 하는지 이해가 되었다. 나 역시 이곳에서 '아시아, 아프리카에서 온 사람들은 모두 가난하고 못 배운 사람들'이라는 생각을 가진 이들을 종종 만나는데, 이 바쁜 세상에서 그 사람들은 굳이 시간과 노력을 들여 사람을 피부색으로 분류하고, 각 나라별 1인당 국민소득을 따져서 순위를 매긴다. 그런 사람들을 몇 번 만나다 보면 저절로 알게 되는데, 하지 않아도 될 그런 분석의 결과를 들고 그들이 누군가를 대하는 방식은 대부분 딱 두 가지 정도로 나타난다. 몹시 상반된 듯한 동정 아니면 멸시. 그런데 또 완전히 한몸이기도 한 이 두 가지를 몇 번 경험하다 보면 울컥해진다는 말만으로는 표현하기 힘든 감정을 안게 된다.

같은 아시아인이면서도 다른 아시아인들의 근소한 피부색 차이까지 분류하는 한국에서 그가 어떤 경험을 했을지 짐작이 되었다. 타인을 대하는 방식을 저 두 가지 버전 말고는 모르는 사람들을 독일에서 만날 때마다 나는 아들이 첫 역사 수업시간에 선생님에게서 들었다는 말을 떠올린다.

"우리 모두는 형제자매다."

3

트리어로 이사 오고 난 뒤 몇 년 동안 나는 늘 생각이 복잡했다. 자려고 누우면 구겨진 생각들이 머릿속을 돌아다녔다. 내가 이곳에서 제대로 살 수 있을까 하는 두려움이 늘 엄습해왔기 때문이다. 카를스루에에서도 가끔 무례한 사람들을 만나기는 했지만, 대부분의 사람은 친절했고 나는 정말이지 빛의 속도로 이웃들과 친해질 수 있었다. 그런데 트리어는 분위기가 사뭇 달랐다. 유모차를 끌고 나가면 인사는커녕 따가운 시선을 받기 일쑤였고, 불친절한 말투로 이야기하는 사람들과 시시때때로 부딪혔다. 오래된 도시고, 전통을 중요시하는 곳이고, 외부인에 대해 굉장히 닫혀 있는 곳이니 이런 게 이상하지 않을지도 모른다.

카를스루에는 대도시는 아니지만 독일 헌법재판소와 큰 대학이 있어서 다른 도시나 근방의 나라와 이어지는 교통망이 잘 갖추어져 있다. 그만큼 유동인구가 많고 그래서인지 도시 분위기도 적당히 오픈되어 있었다. 최소한 길을 가다가 뜬금없이 '중국년'이라는 욕설을 듣는 일은 없었다. 그런데 트리어에 와서는 잊을 만하면 처음 보는 낯선 사람들에게서 그런 험한 말을 들어야 했다. 꽃노래도 한두 번이지, 그러려니 하고 넘기려고 해도 횟수가 잦아지니 피곤해졌고 떠나고 싶다는 생각이 자주 들었다.

부활절 방학에 모아둔 쌈짓돈을 들고 아들과 함께 프랑크푸르트Frankfurt로 떠났다. 여러 인종이 섞여 있는 도시로 잠시 떠나고 싶었다. 아들이 볼 만한 공연을 먼저 고르고, 그걸 볼 수 있으면서도 여러 인종이 사는 도시가 어딘가 알아보니 트리어에서 제일 가까운 곳이 프랑크푸르트였다. 누가 외국인이고 누가 독일인지 구분이 안 되는 거리를 걷자 조금은 해방된 기분이었다. 최소한 그곳에서는 처음 보는 사람에게 욕을 하는 사람들을 만날 가능성은 없어 보였다.

돌아오는 기차 안에서 트리어가 가까워질수록 숨이 차는 느낌이었다. 돌아가고 싶지 않다는 생각이 머리에 가득했다. 기차가 멈추지 않고 이대로 계속 달렸으면 좋겠다는 생각을 하고 있는데, 곧 트리어 중앙역이라는 안내방송이 나왔다. 아들은 자기 가방을 챙기고 있었다. 나는 뭉그적대며 굼뜬 동작으로 자리에서 일어났다. 학교에 가기 싫은 아이처럼 잔뜩 찌푸린 얼굴로 문 앞에 섰다. 그때 내 앞에서 내릴 준비를 하던 할머니 한 분이 동전을 떨어트렸다. 도와드려야겠다 싶어서 허리를 굽히는데, 할머니는 웃으며 그런 나를 말렸다.

"고맙지만 그냥 두세요. 나중에 누군가 그 동전을 발견하겠지요. 그 작은 동전 하나가 누군가에겐 행운의 동전이 될 수도 있지 않겠어요?"

많은 사람이 발걸음을 멈추고 내리기 위해 잠시 멈춰 있었을 기차 문 앞. 짙은 회색과 검은색이 마구 뒤섞인 듯한 바닥에 20센트짜리 동전 하나가 덩그러니 놓여 있었다. 기차는 예정처럼 트리어 중앙역에 멈춰 섰다. 할머니와 나는 잠깐 눈인사를 나누었다. "Alles Gute(모든 일이 잘 되길 빌어요)!" 한 손으로는 짐 가방을 끌고 다른 손으로는 아들의 어깨를 감싸 안으며 버스 정류장으로 향했다. 쌀쌀한 저녁 공기가 뺨을 스쳤지만 견딜 만했다. 웰컴 투 트리어.

세상 어디에나 존재하는
아이히만

 그가 나왔다. 문화계 블랙리스트로 구속된 지 562일만이었다. 석방되기 전 언론에 포착된 그의 모습은 마스크를 끼고 약간 구부정한 자세로 힘들게 서서 교도관의 부축을 받는 모습이었으나, 구치소에서 걸어 나오는 그의 모습은 흡사 20대 청년인 듯 건강하고 씩씩해 보였다. 많은 이가 며칠 사이 확 달라진 그의 모습을 보고 영화 〈유주얼 서스펙트〉 속 한 장면을 떠올리며 '카이저 소제Keyser Söze'가 따로 없다고들 말했지만, 나는 조금 짐작이 되었다. 아마 자신만의 촉이 '이제 다시 여기 들어올 일은 없어' 하고 그에게 말해주었을 거라고 말이다. 그리고 그 말은 곧 몸 상태가 좋지 않던 그에게 기적과도 같은 일이 일어나게 했다.

 그때 그 모습을 보면서 나는 그동안 보아온 그의 여러 모습들을 떠올렸다. 반세기 동안 정치권에서 공직자 신분으로 살아온 그가 언론에 포착된 순간은 수없이 많았다. 3선 의원에다 정부 고위직 인사로 살았으니 매 정권마다, 중요한 일이 터지던 매 순간마다 카메라에 포착될 수밖에 없었다. 유신시절 젊은 검사였던 모습, 1975년 중앙정보부 대공수사국장으로 재임하며 간첩단 사건을 발표할 때의 모습, 1989년 당시 검찰총장으로 기자 회견을 하는 모습, 1992년 부산 초원복국집에서 걸어 나오던 모습, 2004년 헌법재판소 민원실에 고 노무현 대통령 탄핵 의결서를 제출하던 모습, 박근혜 씨가 전직 대통령으로 청와대에 있는 동안 그녀와 이야기를 나누던 모습, 최순실 국정농단 청문회에 앉아 있던 모습… 이 숱한 사진들 속에서 유독 내게 잊히지 않는 사진 한 장이 있었다. 바로 2016년 12월, 국회 청문회에서 민주당 박영선 의원에게 악수를 청하는 모습이었다.

이 사진이 흥미로운 이유는 사진이 찍히기 바로 직전의 상황 때문이었다. 국회 청문회에서 최순실에 대해 알지 못한다, 이름을 들어본 적 없다던 그는 박 의원이 제시한 영상을 보고 "이름을 안다. 이제 보니까 최순실이라는 이름을 못 들었다고는 말할 수 없겠다"라는 독특한 문장으로 최순실과 아는 사이임을 시인하고 난 뒤였다. 그러니까 속된 말로 탈탈 털리고 난 직후였다.

아마도 보통의 평범한 사람이었다면 악수는커녕 눈길도 주지 않고 청문회장을 나갔을 텐데, 역시 그는 달랐다. 한 정부 안에서도 장관들이 몇 차례씩 바뀌는 게 일반적인 정치권에서, 매번 정권이 바뀌는 대한민국 현대사의 한 줄기 속에서 주요 요직을 두루 거쳐온 그의 삶이, 그게 어떻게 가능했는지 보여주는 사진이라는 생각이 들었다.

한 사람의 생을 간단히 요약한다는 건 쉽지 않은 일이다. 특히 그처럼 이름 앞에 여러 수식어가 붙는 사람의 삶을 한마디로 요약하기란 조금 더 어려운 일이기도 하다. 박정희는 그를 '김똘똘이'라고 불렀고, 누군가는 그를 법미꾸라지, 기춘 대원군, 조작왕이라고 부른다. 그리고 지난 청문회 때 한 의원은 그를 '희대의 냉혈한'이라 부르기도 했다.

그에게 모욕을 당하고 민정수석을 그만둔 후 젊은 나이에 스트레스로 갑자기 세상을 떠난 고 김영한 수석의 죽음에 대해 죄책감이 들지 않느냐 묻자 그가 한 대답 때문이었다.

"그분은 몹쓸 병으로 돌아가셨고 본인도 이에 애도합니다만…"

직접적인 책임을 가진 사람이 할 수 있는 상식선에서의 대답은 아니었다. 사람이라면 누군가의 죽음에 자신이 직간접적으로 연루되어 있다는 걸 아는 상태에서 저렇게 대답할 수는 없을 것이다. 그날 한 국회의원은 자신의 트위터에 "저는 어제 희대의 냉혈한을 보았습니다"라고 적는다. 한없이 예의 바르고, 사회 규범에 어긋난 행동은 절대 하지 않을 것 같은, 착실하고 평범한 사람이

가질 수 있는 또 하나의 얼굴. 해나 아렌트의 '악의 평범성'을 굳이 빌리지 않는다 해도 우리는 인간의 역사에서 수없이 많은 그 '얼굴'을 보아왔다.

아돌프 아이히만이 유대인 학살 홀로코스트에 관여한 건 단순히 상관인 히틀러의 명령을 수행하기 위해서만은 아니었다. 그가 자신의 경력을 쌓아 출세하려 했다는 것은 이미 널리 알려진 사실이다. 어느 정권에서도 '예스맨'을 자처하며 정권의 안위를 위해서라면 물불 가리지 않고 살아온 그의 생과 슬프게도 겹친다. 9대 1 가르마로 정확하고 단정하게 빗어 넘긴 머리와 안경 그리고 자신에게 주어진 일이 인간으로서 할 수 있는 일인지에 대한 고민이나 한치의 의구심 없이 필요 이상 열심히 해내었다는 공통점 말고도 아돌프 아이히만과 그는 또 하나 공통점을 가지고 있었다. 바로 가족을 정말 사랑하고 아끼는 사람이었다는 것이다.

지난 12월, 블랙리스트 관련 항소심에서 그가 했던 말을 기억한다. 남은 소망이 그저 "늙은 아내와 식물인간으로 4년간 병석에 누워 있는 아들의 손을 다시 한번 잡아주는 것"이라던 그의 말을 듣고 나는 수많은 어머니를 떠올렸다. 아들의 손을 잡아보기는커녕 시신조차 제대로 거두지 못했던 어머니들 말이다. 1975년 4월 9일. 형량이 확정된 지 겨우 열여덟 시간 만에 여덟 명의 무고한 청년들이 대한민국 정부에 의해 '살해'된 인혁당 사건. 판사들마저도 대한민국 사법 역사상 가장 수치스러운 재판이라고 일컬었던 사법살인 사건이었다. 무고한 청년들을 고문하고 간첩이라는 누명을 씌워 형장의 이슬로 사라지게 한 이 조작 사건의 중심에 그가 있었다. 유신정권은 유족의 동의 없이 시신을 탈취해 화장을 해버려 유가족들은 사랑하는 아들과 사랑하는 형제의 마지막 모습조차 볼 수 없었다. 그 후 유가족들이 겪었던 숱한 수모는 여기서 다 언급할 수도 없을 지경이다.

그가 법무부 장관이던 시절 이른바 '유서 대필 사건'으로 징역 3년을 살았던 강기훈 씨. 분신자살한 친구 김기설의 유서를 대필했다는 혐의로 억울하게 감옥살이를 해야 했던 그가 얼마 전 무죄판결을 받았다. 누명을 뒤집어쓰고 3년간 감옥살이를 하고, 출소해서도 사람들의 손가락질 속에서, 그야말로 보이지 않는 감옥 속에서 24년이나 살아야 했던 아들을 옆에서 지켜볼 수밖에 없었던 강 씨의 어머니는 끝내 아들의 무죄판결 소식을 듣지 못하고 세상을 떠났다.

그가 이 세상에 살아 있는 동안 매일매일 인혁당 유가족들을 찾아가 미안하다고 잘못했다고 사과를 한들 그 청년들이 다시 살아 돌아올 수 없다는 것, 인생의 가장 꽃다운 시기였을 24년이란 시간을 송두리째 빼앗긴 강기훈 씨의 부서진 삶이 다시 제자리로 돌아오지 못한다는 것, 돌아가신 그의 어머니가 다시 아들 곁으로 올 수는 없다는 것, 이게 무슨 말인지 그는 이해할 수 있을까? 이게 무엇을 의미하는지 그는 정말 이해를 할까?

구치소에서 나온 그는 아마 그 순간, 그토록 보고 싶어 했던 아들의 손을 잡고 아들의 얼굴을 바라보았을 것이다. 하지만 그가 훌륭한 인간은 못 되어도 최소한 인간이 되기 위해서라면 적어도 한 번은 기억해야 할 사람들이 있다. 손 한 번 잡아보지 못하고 아들을 떠나보내야 했던 그 어머니들과 남겨진 가족들. 그들의 얼굴을 떠올리고 기억하는 것 말이다. 그가 '법미꾸라지'라는 별명답게 법망을 빠져나가 다시 구속되지 않는다 해도, 그렇게 대한민국의 법이 그를 용서한다고 해도, 인간으로서 치러야 할 최소한의 형량이 남아 있다는 것을 잊지 않았으면 좋겠다.

올림푸스의 신들조차 인간의 운명을 모두 좌지우지하지 못했다는 그리스 신화가 가슴을 친다. 이 우주에서 그저 한 톨의 먼지에 불과한 인간이 역시나 한 톨의 먼지에 불과한 한 정권의 안위를 위해, 신들도 함부로 하지 못한 인간의 삶을 감히 함부로 하다니….

뜨겁게 대지를 달구는 태양이 화가 난 이유를 알 것만 같다.

하나도
웃기지 않았던 오후

1

언젠가 신문에서 나비의 날개를 수술해준 한 디자이너의 이야기를 읽은 적이 있다. 미국 텍사스 주에 사는 의상 디자이너는 우연히 집 정원에서 애벌레 세 마리를 보았고, 그들이 번데기를 벗고 나비가 되는 과정을 지켜보게 된다. 그녀는 단순히 보기만 한 것이 아니라 먹이도 주며 돌보았는데, 몇 달 뒤 그 애벌레들은 아름다운 나비가 되어 세상 밖으로 나왔다. 그런데 안타깝게도 세 마리 중 한 마리는 선천적으로 날개가 손상되어 날 수 없었다. 나비가 태어나 이 세상에 머무르는 시간이 고작 2주에서 5개월 정도밖에 안 된다는 걸 안 그녀는 그 나비가 날아보지도 못한 채 생을 마감해야 한다는 사실에 몹시 마음 아파했다.

그런 그녀에게 친구는 나비의 날개를 수술하는 동영상을 찾아

보여주었고, 그녀는 죽은 다른 나비의 날개를 떼어내 이식해주는 수술을 한다. 신중하고 세심한 그녀의 손놀림으로 온전한 날개를 가지게 된 그 나비는 곧 날개를 펴고 날아갔다고 한다. 인간에게 그저 스쳐 지나가는 것에 불과한 짧은 시간이 나비에겐 단 한 번의 소중한 시간이란 걸 생각한 그녀의 마음 씀씀이가 따뜻하게 다가왔다. 그리고 나는 날개도 펴보지 못한 채 단 한 번뿐인 삶의 시간을 억울한 누명으로 감옥에서 보내야 했던 많은 사람이 떠올랐다.

석달윤도 그중 한 사람이었다. 1980년, 어업에 종사하던 그야말로 평범한 사람들이 국가안전기획부(안기부)에 붙들려 가 고문을 받는다. 그리고 그들은 순식간에 '간첩'이 된다. 바로 '진도 가족간첩단 조작 사건'이다. 그 사건에 연루되었던 석달윤은 혹독한 고문으로 허위 자백을 하게 되고, 18년간 감옥살이를 한다. 그리고 28년이 지난 2009년에야 무죄 판결을 받는다. '혹독한 고문에 의한 자백은 증거가 될 수 없다'는 게 재판부의 판시였다.

"의원님. 당시 1심 판결로 한 분의 삶이 망가졌거든요."
"뭐요?"
"그것에 대해서는 책임을 못 느끼시나요?"
"웃기고 앉아 있네. 이 양반 정말…."

모 방송국 제작진이 간첩단 조작 사건의 1심 재판을 맡았던 전직 판사 출신의 한 정치인에게 한 질문과 그 대답이다. 그가 판사였던 시절, 그러니까 유신시대와 1980년대는 고문으로 없는 죄를 만들어내고, 정권의 입장을 대변하는 검사가 형을 구형하면 판사가 재판에서 그 형을 그대로 읊던 시절이었다. '오죽했으면 유신시대의 판결을 두고 당시 한승헌 변호사가 정찰제 판결'°이라고 불렀을까?

"정권이 검찰 권력을 필요에 따라서 운영하고, 때로는 그들에게 과도한 권한을 주기도 하며, 나아가 검찰과 결탁해서 엉뚱한 사건을 조작하기까지했습니다. (…) 그러다 보니 수사와 재판이 원칙대로 정의에 입각해서 이루어지는 것이 아니라, 정치적인 고려를 최우선으로 두는 경우가 생기는 것입니다. 원칙과 정의는 약자에게만 적용되고, 강자에게는 정치적 고려가 적용된 셈입니다."°°

법조인 최강욱이 자신의 저서에서 이렇듯 법조계의 문제점을 조목조목 짚어 나가다 그 끝에 이런 질문을 던진다. "법은 정치를 심판할 수 있을까?"

° 『법은 정치를 심판할 수 있을까?』 (최강욱 지음, 창비)
°° 위의 책

2

뉘른베르크 재판은 제2차 세계대전 직후 1945년에서 1948년 사이 독일 남부 도시 뉘른베르크에서 거행된 나치 전범에 관한 재판을 말한다. 연합군이 국제법에 따라 거행한 이 재판에서 나치 독일의 정치·군사 지도자, 의사, 판사 들이 기소되어 재판을 받았다. 이 재판을 모티브로 한 영화도 만들어졌는데 바로 〈뉘른베르크의 재판〉이다.

영화는 뉘른베르크 재판 중 세 번째로 진행된 법관 재판을 다루고 있다. 주인공 언스트 야닝은 독일에서 매우 존경받는 법조인이자 법학자였다. 그가 히틀러 치하의 사법부에서 일했다는 이유로 법정에 서게 되자 야닝을 존경해 변호를 자처한 그의 젊은 변호인은 그가 나치 친위대도 아니고, 그저 법관으로서 맡은 일을 묵묵히 수행한 것뿐이라고 변론을 펼친다. 여기에 반인륜적인 범죄에 가담한 것이라는 원고 측의 주장으로 치열한 공방이 오간다.

재판을 맡은 미국인 헤이우드 판사 역시 같은 전쟁이라는 비정상적인 상황을 전제로 판결을 내린 독일 판사들의 입장이 이해가 안 되는 것은 아니었지만, 결국 그는 야닝에게 무기징역을 선고한다. 그런 선고를 내리게 된 이유에 대한 판사의 대답이 인상적이었다. 문명세계에서는 직접 살인을 저지른 사람뿐만 아니라 다른 사람에게 살인을 조종한 사람, 또 범죄를 저지를 목적으로 치명적인 무기를 제공한 사람, 또 그 범죄를 방조한 사람 모두 유죄라는 것. 헤이우드 판사는 히틀러의 행동이 옳고 그른지 충분히 통찰할 만큼 지성인이었던 그에게 잘못된 일을 거부하지 않고 동조한 죄에 대한 책임을 물은 것이다.

무기징역을 받은 야닝은 헤이우드 판사에게 면담을 요청한다. 그러고는 자신이 진행한 재판으로 인해 죽은 수백만 명의 사람들에 대해 그렇게 될 줄 몰랐다고, 자신의 말을 믿어 달라고 애원한다. 그의 이야기를 듣던 헤이우드 판사는 이렇게 대답한다.

"야닝 씨! 당신은 사형선고를 받은 사람이 결백하다는 걸 이미 알고 있었어요."

3

"웃기고 앉아 있네."

47일 동안 불법 구금을 당하고, 입에 담기도 힘든 고문을 받고, 자신의 판결로 18년이나 감옥에서 억울하게 살았을 한 인간에게 책임을 느끼지 않느냐는 질문에 대한 그의 대답. 저 짧은 한 문장을 듣던 나는 하나도 웃기지 않은 오후를 보냈다. 우리 모두가 날지 못하는 나비의 생을 걱정할 만큼 좋은 인간이 될 수는 없을 것이다. 하지만 자신의 잘못으로 인해 단 한 번뿐인 누군가의 삶이 망가졌다면 최소한 상대에게 미안한 마음이라도 표시할 수 있어야 진짜 '인간'이지 않을까?
 야닝처럼 자신이 내린 판결로 어떤 일이 일어나게 될지 이미 알고 있었을 그가 이제는 깨달았으면 좋겠다. 미안하다고 말하는 게 부끄러운 게 아니라, 미안하다고 말해야 하는 순간에 말하지 못하는 게 부끄러운 일이라는 것을 말이다.

학교 급식 노동자,
사랑은 위를 거쳐서 간다

"밥하는 아줌마가 왜 정규직이 되어야 하는가? 그 아줌마들이 뭔데? 그냥 동네 아줌마거든요. 사실 옛날 같으면 그냥 아줌마들 이렇게 해가지고 조금만 교육시켜서 일 시키면 되는 거예요."

학교 급식 노동자들의 파업 소식을 듣고 한 정치인이 했다는 이야기다. 저 이야기를 들으면서 나는 일전에 유디트와 나누었던 이야기를 떠올렸다. 유디트는 아들 친구 얀의 엄마다. 독일 공립학교에서 영어 교사로 일하는 그녀도 학교에서 일을 하고, 나도 학교에서 반주자로 일을 하다 보니 독일 학교에 관한 이야기를 종종 공유할 때가 있다. 발도르프 학교는 독특한 교육방식을 가진 사립학교라 좀 다른 경우에 속하지만, 유디트 말에 따르면 독일의 공립학교에서 일하는 모든 사람은 독일 정부로부터 급여를 받는다고 한다. 수위실에서 일하는 사람이든 사무실에서 일하는 사람이든 교사든 모두 정부로부터 급여를 받는데, 이들이 받는 급여가 적지 않다. 아이들이 교과서를 통해 배우는 게 다가 아니라는 것, 학교라는 틀 안에서 마주치는 사람들이 모두 아이들 교육에 영향을 끼친다는 독일인들의 사고가 바탕에 깔려 있는 것이다. 이와 다르게 한국 학교 내 급식 종사자들은 급여나 복지, 노동환경에 대한 별다른 보호를 받을 수 없는 무기 계약직이다.

사실 정규직과 비정규직에 관한 이야기는 한국에서 어제오늘의 이야기가 아니다. '비정규직'은 1997년 IMF 외환위기 사태 이후 본격적으로 도입되었고, 그 이후 많은 사람이 언제든 일자리를 잃을지도 모른다는 불안감과 낮은 임금을 껴안고 살아가고 있다. 비정규직 문제가 사회문제로 대두되자 '무기 계약직'이라는 말이 등장했다. 얼핏 들으면 정규직과 같아 보이지만, 무기 계약직은 계약 기간이 없다는 것 외에 비정규직과 다를 바 없다. 임금이나 복지 수준이 계약직과 다르지 않고, 특히 실적이나 다른 여러 이유를 들어 사측에서 언제든 해고할 수 있다.

폭염 속에서도 찜통 같은 조리실에서 한 명의 조리사가 200여 명 이상의 식사를 준비해야 하는, 사실 나로서는 상상조차 되지 않는 힘든 노동환경과 정규직보다 턱없이 낮은 임금까지…. 단시간 내 고강도의 일을 반복해야 하는 이들은 근골격계 질환을 늘 달고 살고, 화상을 입는 일도 특별하지 않은 일상이 되어버렸다고 한다. 한 급식 노동자가 화상을 입어 병원에 옮겨졌으나 끝내 세상을 떠난 이야기 앞에서 나는 누군가를 위해 밥을 짓는 일이 이렇게 위험한 일일 수 있다는 걸 알았다. 급식 노동자는 현실에는 존재하나 교육서비스 종사자로 분류되는 학교 비정규직 노동자라서 산업안전보건법의 보호를 받지 못하는 유령 같은 존재다. 이들이 자신의 소리를 전하기 위해 할 수 있는 방법이라고는 밥을 하지 않는 것 말고는 없다는 것은 너무도 당연한 이야기지 않겠는가.

그런데 내게는 자신을 고용한 사람들과의 싸움 말고도 힘들게 치러야 하는 다른 싸움이 더 있는 것 같았다.

"솔직히 말해서 그 조리사라는 게 아무것도 아니거든. 그냥 어디 그 간호조무사보다 못한… 그냥 요양사 정도라고 보시면 돼요. 응? 그 미친놈들, 우리나라는 이래서 나라가 아니야. 나라가…."

밥하는 아줌마가 왜 정규직이어야 하냐고 불만을 터뜨리던 그 정치인이 연이어 이야기하는 내용을 들으며 나는 잠시 무언가 아득해지는 느낌이었다. 그가 구사한 말의 표현이 그리 우아하지도 아름답지도 못하다는 건 굳이 말할 필요도 없을 것이다. 사실 막말이나 독설이, 그 겉모양이 아름답지 못함에도 불구하고 가끔 빛을 발할 때가 있다. 그 말이 힘 있는 사람들, 권력자들을 향할 때 사람들은 독설을 들으면서도 아름답다고 느낀다. 하지만 그 정치인의 말 끝이 향한 곳은 유감스럽게도 그렇지 못했다.

얼마 전 아들이 조퇴를 했다. 아들은 나와 남편에게 연락을 하고 학교 사무실에서 조금 기다려야 했는데, 그때 학교 선생님들과 사무실에서 일하는 비서가 함께 토론하는 걸 보게 되었다. 한 학생이 옆 학교 학생에게 괴롭힘을 당하자, 선생님과 비서는 동등한 입장에서 서로의 의견을 주고받으며 의논을 하더라는 것이다. 비서가 내놓은 의견을 교사가 귀 기울여 듣고, 교사의 의견을 비서가 들으며 같이 토론하는 모습. 같은 위치에서 아이를 걱정하고 문제점을 해결하기 위해 노력하는 모습이 무척 인상적이었다고 한다.

아들은 집에 와서 자기가 보고 느낀 것을 이야기했고, 그 순간 나는 느꼈다. 모든 사람은 평등하고, 모든 직업은 다 소중하며, 같은 직장에 있는 사람들은 동등한 입장에서 서로를 존중하며 자기의 생각을 나눌 수 있어야 하고, 한 사람의 사회 구성원으로서 반드시 배우고 가져야 할 덕목에 대해 내가 아들에게 구구절절하게 긴 말로 설명할 필요가 없다는 것을 말이다. 아들은 교실 밖 학교 사무실 한 귀퉁이에서 어른들이 나누는 몇 마디 대화를 통해서 벌써 배우고 있었다.

"Liebe geht durch den Magen."

독일 사람들이 즐겨 쓰는 말이다. 직역을 하자면 '사랑은 위를 거쳐서 간다'는 말이다. 누군가를 위해 차려 내는 한 끼의 밥상이 배 속의 허기를 채우기 위한 일만은 아니라는 걸 우리는 잘 안다. 학교 안에서 일하는 모든 사람, 아이들을 가르치는 교사와 아이들의 밥을 짓는 조리사, 방과 후 교실의 교사 그리고 학교를 지키는 경비원 모두가 동등한 대우를 받게 될 때 아이들은 모든 인간은 동등하고, 모든 직업이 다 소중하다는 것, 더 나아가 서로가 서로를 존중할 때 더불어 행복하게 살아갈 수 있다는 것을, 책이 아닌 경험으로 직접 배우게 된다.

그 정치인이 한 방송사의 프로그램에 출연한 적이 있다. 당시 초선 의원이었던 그가 하루 동안 자신의 자치구 한 쇼핑몰에서 쓰레기통을 비우고 남자 화장실을 청소하는 일을 체험하고 난 뒤 한 말이 인상적이었다.

"피상적으로만 생각하고 있던 일을 직접 경험해보니까 어렵다는 것을 느꼈다."

나는 그가 자신이 한 그 멋진 말을 잊지 않았으면 좋겠다. 저 말을 오랫동안 기억하는 한 그의 독설은 그 끝이 향해야 할 곳을 정확히 향할 것이고, 그럴 때 사람들은 그의 말을 아름답다고 느낄 것이다. 그리고 우리는 제대로 말하고, 제대로 행동하는 정치인을 얻게 될 것이다.

음악 창작노트 2
♩ 별 세고 있어요

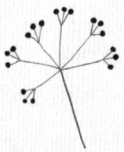

"샤르트르와 나 사이에는 늘 '말'이 있었어요."

시몬 드 보부아르가 했다는 저 말이 조금은 복잡다단한 상황에서 나온 말이라는 걸 알면서도 나는 가끔 저 말을 비틀어서 이렇게 중얼거려보곤 한다.

"나도 뭐 이런 말 좀 해보고 싶네. '남편과 나 사이에는 말도 있었어요' 하고…."

남편은 정말 말이 없는 사람이다. 나는 종종 친구들에게 농담처럼 말하곤 했다. "무뚝뚝한 경상도 남자 피하려다 더한 서울 남자에게 된통 걸린 거야." 연애할 때는 말을 많이 하더니 결혼하고 난 후엔 말을 거의 하지 않아서, 내가 결혼한 남자가 연애할 때 만난 그 남자가 맞는지 혼란스러울 지경이다.

우리 집 거실은 매우 작다. 그 작은 거실에 식탁, 남편의 책상, 내 전자 피아노까지 모두 놓여 있다. 가끔 남편이 강의를 나가기 전에 집에서 작업을 하곤 하는데, 그 옆에서 나도 곡을 쓴다고 앉아 있곤 한다. 남편의 집중력은 정말 대단한데, 내가 곡을 쓰면서 치는 온갖 음들이 공중에 휘날려도 자세 한번 흐트러트리지 않고 컴퓨터 모니터에 시선을 내리꽂은 채 뒤도 돌아보지 않고 작업을 한다.

그런데 이 곡을 쓸 때였다. 마지막 부분의 마무리 멜로디가 마음에 들지 않아 나는 숱한 음들을 머릿속 쓰레기통에 처박고 있었다. 그러던 어느 날, 거짓말처럼 마지막 멜로디가 떠올랐다. 어떤 곡을 쳐도 뒤돌아보지 않고 타닥타닥 컴퓨터 자판만 두드리던 남편이 이날 처음 자판 두드리던 손을 멈췄다. 사위가 조용해졌고, 내 피아노 소리만 들렸다. 연주가 끝나자 남편은 다시 타닥타닥 컴퓨터 자판을 두드리기 시작했다.

채 2분도 되지 않을 그 짧은 시간은 20여 년 같이 살면서 그가 내 음악에 처음으로 보내준 최고의 찬사였다.

3장
독일,
이방인이 들여다본 세상

우리 사과나무,
시민 프로젝트

1

토요일 아침 레고를 들고 또 무언가를 만들기 시작하는 아들에게 말했다.

"다니엘! 우리 신선한 공기 좀 쐴 겸 동네 한 바퀴만 돌고 오자."
"엄마! 자전거 타고 갈래."
"자전거는 이따가 점심 먹고 타고 지금은 그냥 천천히 걷자."
"싫어. 자전거 탈래. 아니면 안 나가. 엄마 혼자 갔다 와."

자전거 말고 다른 제안은 거들떠보지도 않을 태세다.

"자전거 타는 거 엄마도 좋지. 근데 자전거를 타면 막 빨리 달리니까 옆에 있는 걸 천천히 볼 수가 없잖아. 걸으면 땅 위에 기어다니는 벌레도 볼 수 있고, 떨어지는 나뭇잎도 구경할 수 있어. 엄마가 약속할게. 지금 조금만 걷고 이따 점심 먹고 자전거 꼭 타자."

뽀로통해 있던 아들이 신발을 신으며 내게 물었다.

"그런데 엄마는 걸으면서 어떤 벌레 봤어?"

"마리엔퀘퍼Marienkäfer(무당벌레)."

"어? 그거 우리 동네에 별로 없는데…. 엄마! 등에 하얀색 점이 있었어? 아니면 검은색 점이 있었어?"

"검은색 점."

"아, 그거! 마리엔퀘퍼 아니야. 엄마! 그건 포이어퀘퍼Feuerkäfer(딱정벌레)야."

"아, 그래?"

집을 나와 둘이 손을 잡고 걸었다.

"엄마! 엄마는 그거 어디서 많이 봤어?"

"에데카(우리 동네 슈퍼마켓) 가는 길에."

"맞아. 그쪽에도 많아. 엄마! 그리고 우리 학교에도 많아. 보여줄까?"

학교 교문 앞에 서 있는 커다란 나무 한 그루 앞에 아들이 쪼그리고 앉았다. 그리고 땅 위에 떨어진 나뭇잎 위로 사뿐히 걸어가던 딱정벌레 한 마리를 손바닥 위로 옮겼다.

"엄마! 여기 봐."

"아! 그러네, 정말 등에 있는 점이 검은색이네."

"엄마! 여기도 또 있어."

우리는 그렇게 쪼그리고 앉아 자유롭게 나무 위를 기어 다니는 딱정벌레들을 가만히 바라보았다. 아침 내내 자욱하게 깔려 있던 짙은 구름이 뒷걸음질하더니 따뜻한 가을볕이 우리 등을 어루만져주었다.

2

"사과 따러 가자. 거기가 어디냐면 말이야…." 사과를 따러 가자는 한나의 이야기는 이번이 처음은 아니었다. 3년 전부터 매해 가을이면 같이 가지 않겠냐며 물어왔는데, 매년 우리는 '다음에' 하며 미뤘다. 이상하게도 매년 그때 딱 맞춰 나나 남편의 체력이 바닥을 친 데다, 토요일 아침에 게으름을 피우며 뭉기적거리고 싶은 마음도 없지 않았다. 그런데 이제 조금은 궁금해지는 것이다. 도대체 한나도 야나도 우리 동네 사람들 죄다 어디에 가서 사과를 딴다는 건가? 이 동네에 둥지를 튼 지 이제 여섯 해, 슬슬 호기심이 동했다.

"몇 시쯤 갈 거야? 우리도 가보고 싶네."

"우리 지금 막 나가려던 참이었거든. 조금만 기다릴래? 만나서 같이 가자."

한나 집과 우리 집 중간 즈음에 있는 신호등 앞에서 나와 아들은 한나를 기다렸다. 10여 분쯤 지나자 한나와 딸 마리가 건너편에서 자전거를 끌고 손을 흔들며 걸어왔다.

"정말 가깝지 않니? 바로 여기야."

정말! 우리 집 가까이에 있는 횡단보도 건너 골목길을 따라 들어가니 넓은 들판이 보였다. 생각해보니 포도밭 길을 산책하면서 이쪽을 봤었던 것 같기도 하다. 우리는 입구에 자전거를 세우고 들판 쪽으로 걸어 들어갔다.

"잠깐만. 그런데 우리가 왜, 어떻게 이걸 하게 되었는지 내가 설명해줬지?"

"아니."

"아! 내가 아직도 너한테 그 이야기를 안 해준 거야?"

그렇게 한나는 내게 사과나무 들판에 관한 이야기를 들려주었다. 그녀의 이야기에 따르면 이곳은 예전에 트리어 시에서 운영하던 직업 훈련 실습장이었다. 그러니까 정원사가 되거나 과수원 일을 하려는 사람들이 실습하던 곳. 그런데 그 부지가 다른 곳으로 옮겨가게 되어 트리어 시는 이곳에 있는 나무들을 모두 베어버리고 건물을 지으려고 했단다. 그러자 그 이야기를 들은 시민들이 반대하며 하나둘 나서기 시작했다는 거다.

시민들의 프로젝트인 'Bürger retten Bäume(시민들이 나무를 지킨다)'는 이 동네의 필터 역할을 하는 이 넓은 들판에 나무 대신 높은 건물이 들어서는 걸 막기 위해 나무 한 그루당 1년에 7유로를 내는 회원을 모집했다. 한 사람, 두 사람… 그렇게 모인 사람들이 200여 명을 훌쩍 넘겼고, 사람들의 움직임이 커지자 시에서는 건물을 지으려던 계획을 결국 유보했다.

"아! 멋진 일이야. 나도 기꺼이 같이하고 싶네."

"그래? 저쪽에 회원 등록하는 곳이 있어. 같이 가보자."

몇 그루의 나무들을 살펴보다가 마음에 드는 사과나무 한 그루를 찾았다. 사과의 품종을 따지자면 사실 이 나무는 그렇게 매력적인 대상은 아니었다. 따서 그냥 먹기보다는 잼이나 케이크를 만들기에 적합한 품종이었다. 하지만 나는 상관없다고 생각했다. 빨갛고 먹음직스러운 사과를 주렁주렁 매달고 있는 나무들 사이에 혼자 옅은 색깔의 사과 몇 개만 겨우 달고 있는 이 아이를 돌볼 사람도 필요하다는 생각이 들었다.

친구들과 같이 사과를 따던 아들에게 가서 말했다.

"다니엘! 우리도 나무가 생겼어."

아들과 나는 이제 우리와 가족이 된 186번 사과나무로 가 인사를 했다. 그리고 작은 나무판 위에 우리 가족 이름을 써서 사과나무에 걸었다.

"봄에 다들 가지도 치고, 잡초도 뽑을 겸 한번 오거든. 그때 같이 오자."

한나가 방금 딴 사과를 나와 아들에게 건네며 말했다. 바지 위에 스윽 문질러 먹는 사과는 정말 꿀맛이었다. 우리 나무가 생겼다. 올해도 내년에도 우리가 돌봐줄 나무… 나는 나무가 돌봄만 받지는 않을 것임을 안다. 나무는 별말 없이 조용히 우리를 돌봐주기도 할 것이다.

"엄마! 우리 나무한테 잠깐 갔다 올게."

아들이 들판 위 우리 나무를 향해 달려갔다. 따듯한 가을 햇살이 달려가는 아들의 등 뒤를 쫓아다녔다. 기분 좋은 토요일이었다.

그리고 186번 사과나무가 우리 가족이 된 지 1년이 되던 때였다. 시민 프로젝트는 한 걸음 더 진보했다. 사람들은 이제 사과나무를 후원하고 가을에 사과를 거둬들이기만 하는 것이 아니라, 사과주스를 만드는 일까지도 계획하게 되었다. 일 하나하나가 놀이가 되고 축제가 되었다. 동네 성당 마당에 탈곡기처럼 생긴 커다란 트럭이 서 있었다. 사람들이 사과나무 숲에 가서 사과를 따오면 트럭 위의 커다란 착즙기가 덜커덕거리는 큰 소리를 내면서 사과를 짜주었고, 주스가 만들어지는 동안 사람들은 각자 만들어온 케이크나 수프를 늦은 점심으로 나눠 먹었다.

3

그날은 한나의 시아버지가 아들 집에 오는 날이었다. 한나의 남편 베른트는 슈투트가르트Stuttgart 출신인데, 부모님이 아직 그곳에 살고 계셨다. 두 분은 오래전 헤어졌는데 아버지는 혼자, 어머니는 재혼해서 따로 살고 계셨다. 이 두 분이 가끔 아들, 며느리, 손주 들을 보러 트리어에 오는데, 서로 마주치지 않으려고 따로 오게 되면서 한나는 1년에 대여섯 번 두 분을 따로따로 모셔야 했다. 성격 좋고 사람 좋아하는 그녀지만 이게 쉽지만은 않은 듯했다. "내일 시어머니 오셔" "오늘 시아버지 오셔" 하고 이야기할 때면 스트레스가 살짝 뒤덮인 머릿속이 보이는 듯했다.

"우리 시아버지가 친절하신 분이긴 해. 근데, 딱 베른트야. 말이 없어도 너무 없는 거지. 그래서 같이 있으면 좀 답답해."

"그래, 저번에 보니까 말씀이 별로 없으시더라고."

나는 한나의 말에 맞장구치며 고개를 끄덕였다.

"내가 집에 가서 일단 간단하게 인사를 드리고 말이야, 아이들 데리고 사과주스 짜는 거 보러 갈게. 네가 우리 시아버지랑 이야기 좀 하다 나와."

한나는 장난스러운 표정을 지으며 내게 말했다. 한나의 집에 들어가니 베른트와 베른트의 아버지이자 한나의 시아버지인 그분이 식탁에 앉아 계셨다.

"잘 지내셨어요?"

나는 그분에게 손을 내밀어 악수를 청하고 웃으며 인사를 드렸다. 내가 인사를 하고 그간의 안부를 묻는 동안 한나는 잠깐 무언가를 챙기더니 아이들을 불렀다.

2층에 있던 아이들이 내려오자 한나는 시아버지와 남편을 향해 빠르게 말을 이었다.

"애들 데리고 성당 마당에 먼저 가 있을게요. 두 분 안겔라랑 같이 이야기하다 천천히 오세요."

4

농담인 줄 알았는데 농담이 아니었다. 졸지에 나는 토요일 오후에 한나의 남편과 시아버지와 느닷없이 한 식탁에 앉게 된 것이다. 베른트는 점심거리로 빵과 버터, 잼을 식탁 위에 차렸다. 잠시 침묵이 흘렀다. 나는 베른트가 차려놓은 빵에다 버터를 바르면서 베른트의 아버지에게 이것저것 여쭤보기 시작했다.

"오시느라 힘드셨죠? 슈투트가르트에서 트리어까지는 얼마나 걸리나요?"

"내가 슈투트가르트 근방에서도 좀 떨어진 곳에 살아서 시내까지 나오는 데 시간이 좀 걸리고, 시내 중앙역에서 여기까지 또 두 번 갈아 타고 와야 해요."

한나의 시아버지는 조용한 목소리로 천천히 이야기했다. 젊은 시절 도쿄에 출장을 가면서 서울에서 환승했던 경험, 그러다 서울에 잠깐 들리게 된 이야기, 녹차를 자주 마신다는 이야기 등 한나가 답답해할 만큼 말이 없는 성격의 그가, 아마도 그의 입장에선 폭포수 같았을 많은 이야기를 했다.

5

빵을 먹고 차를 마시고 난 뒤 우리는 성당 마당으로 가기 위해 나섰다. 사과주스를 짜는 트럭 앞에서 아이들이 재미있게 구경하고 있었다. 막 짜낸 사과주스 한 잔을 받아 한나의 시아버지에게 갖다드렸다. 주스를 마시는 사이사이 그는 나를 보고 한 번, 하늘을 보고 한 번, 아이들을 보고 한 번 웃었다. 그렇게 또 가을의 한 자락이 지고 있었다.

노는 게 공부인
독일 유치원

트리어로 이사 와서 제일 처음 한 일이 아들의 유치원을 찾는 거였다. 하지만 이사 온 지 얼마 되지 않아 동네 지리도 잘 모르는 데다 아들의 감기도 좀처럼 낫지를 않아서 유치원 알아보는 일은 진도가 나가지 못하고 있었다. 그러다 아들의 상태가 좀 나아질 무렵 독일식 파이를 구워 아래층 할머니, 할아버지께 인사를 드리러 갔다. 낯선 동양 여자가 이사를 왔다고 인사하러 온 것이 싫지는 않았는지 이 동네에서 30년째 살고 계시다는 할머니는 나를 붙잡고 이런저런 말씀을 해주셨다.

  짧지 않은 시간을 이곳에서 보내신 데다 베이비시터 경력까지 있는 할머니는 이 동네에 있는 유치원들은 죄다 꿰뚫고 계신 듯했다. 우리 집에서 가까운 곳에 위치한 좋은 유치원이 어디에 있는지도 조곤조곤 말씀해주셨는데, 할머니가 알려준 '좋은' 유치원의 기준은 선생님이 얼마나 자상하고 친절한가, 아이들이 잘 뛰어놀 수 있는 곳인가였다. 할머니의 도움으로 몇 군데를 둘러보면서 흥미로웠던 것은 카를스루에와 트리어가 서로 다른 주에 속해 있음에도 불구하고 비슷한 시스템을 가지고 있다는 점이었다.

독일은 연방국가라 주마다 제도가 조금씩 다르기 마련인데, 유치원 프로그램은 비슷했다. 일단 가장 놀랐던 건 한국처럼 개인이 운영하는 유치원은 찾아볼 수 없다는 점이었다. 시에서 운영하거나 개신교나 가톨릭 등 종교단체에서 운영하는 유치원만 있었다. 그런데 이곳의 종교단체는 한국의 것과는 개념이 좀 다르다. 이곳에서 종교단체라 함은 오랜 세월 지역 공동체의 중심에 있었던, 그러니까 일종의 공공기관 같은 역할을 함께하는 곳이라고 할 수 있다.

교육은 '장사'가 되어서도, 패션처럼 '유행'을 따라서도 안 된다고 생각하는 이곳 사람들은 고지식하다고 할 만큼 오랜 세월 지켜 온 원칙을 가지고 있었다. 어느 유치원을 가도 TV나 비디오는 찾아볼 수 없는 대신, 유치원 마당에 비나 눈이 쏟아지지 않는 한 아이들이 종일 놀 수 있는 커다란 모래 상자가 꼭 있다. 그리고 아이들에게 절대 글을 가르치지 않는다.

유치원 내의 그룹은 만 두세 살부터 여섯 살까지 다양한 연령대의 아이들이 섞여 있고, 그 속에서 아이들은 각자 나이에 맞는 '역할'을 배우면서 커간다. 친구에게 도움을 받기도 하고 친구를 도와주기도 하면서 말이다. 아침에 모여 같이 빵도 나눠 먹고, 그림도 그리고, 노래도 부르고, 선생님이 들려주는 재미난 이야기도 듣지만, 날씨가 좋은 날이면 그 모든 프로그램은 '밖에서 뛰어놀기'로 대체된다. 유치원 선생님 말씀대로 '햇볕 아래 모래 위'에서 뛰어노는 것보다 더 좋은 프로그램이 어디 있겠는가.

장애가 있는 아이들과 없는 아이들이 같이 지내는 유치원에 아이들을 보낸다는 마리의 엄마 한나와 30분 정도 하는 숙제도 많은 게 아니냐며 이야기하는 아들 친구의 엄마들 그리고 종일 아이들을 숲에서 뛰어놀게 하는 유치원이 제일 좋은 유치원이라 말씀하시던 아래층 할머니. 그들을 보면서 생각하게 된다.

인지학은 몰라도 만 다섯 살까지의 아이들은 '노는 게 공부'라는 걸 알고 있고 자신 역시 그렇게 자라온 사람들, 함께 노는 것을 통해 함께 살아가는 법을 배울 수 있다고 확신하는 사람들, 그래서 학교에 들어가기 전부터 아이들이 '공부 스트레스'로 힘들어하는 걸 상상조차 할 수 없고, 영어 유치원 같은 건 더더욱 상상할 수도 없는 사람들이 지구 한편에 이렇게 살고 있다는 것. 그리고 그런 사람들이 만든, 만들어가고 있는 세상이 의외로 꽤 괜찮으며, 그런 부모들 밑에서 자라는 아이들이 만들어갈 세상도 꽤 기대가 되고 믿음이 간다는 것을 말이다.

신기하지 않은가, 이 세상엔 대치동 말고 이런 동네도 있다.

독일의 학교
그리고 사회

독일에 산 지 어언 10년이 지났다. 그동안 교육 시스템이 꽤 괜찮다는 생각을 줄곧 해왔지만, 그렇다고 이곳 교육에 문제나 한계가 없는 건 아니다. 만 다섯 살까지 글을 가르치지 않고 뛰어놀게 하는 유치원 교육은 아주 훌륭하지만, 4년의 초등 교과과정 이후 바로 실업계와 인문계로 나뉘는 시스템은 개인적으로 좀 빠르다는 생각을 하는데, 독일 사람들 내에서도 의견이 분분하다. 아이들에 대한 판단을 너무 서두르는 것 아니냐는 의견과 그렇지 않다, 문제없다는 의견이 아직 분분한 것이다.

다만, 워낙 오랫동안 유지된 시스템이라 큰 이견 없이 굴러가는 것 같다.° 초등학교 과정 내내 같은 반, 같은 친구, 같은 선생님 곁에서 지내니까 교사는 꾸준히 아이를 지켜볼 수 있고, 따라서 아이가 일찍 직업 교육을 받고 사회로 나가는 게 좋을지, 인문계에 가서 대학을 진학하는 것이 좋을지 판단할 수 있는 시간과 여건이 부족하지 않다는 견해가 지배적이기 때문이다. 그리고 이 제도의 문제점을 보완하고자 마련해놓은 제도적인 장치도 있다. 중고등 통합과정 중 첫 2년을 오리엔테이션 단계로 정해놓고, 아이가 인문계 학교의 수업을 흥미로워하는지, 수업을 잘 따라가는지 다시 한번 더 판단한다. 반대로 실업계에 간 아이들 중에서 좋은 성적을 받고, 공부에 흥미를 느껴 대학에 진학하고 싶은 아이는 인문계로 추천받아 전학을 갈 수 있다.°°

여기도 대학에 들어가려면 속된 말로 빡세게 공부해야 한다. 한국과 다른 점이 있다면 학원에 가지 않고 스스로 공부한다는 점이다. 물론 이곳에도 과외는 있다. 하지만 한국처럼 학교가 파한 후 거의 모든 아이가 밤 늦게까지 다니는 그런 학원과는 다르다. 이곳에서의 과외란 학교 수업을 따라가기 힘든 아이들이 일주일에 두세 번 정도 받는 개인 교습을 말한다. 초등학교부터 중고등학교에 이르기까지 대부분의 학교 수업은 오후 1시면 끝난다.

○ 독일 16개 주 중에서 수도 베를린 주와 브란덴부르크 주는 예외적으로 초등학교가 6년제다.

○○ 각 주마다 다르다. 인문계 학교는 8년제나 9년제인데, 9년제 학교의 경우에도 학생과 학부모가 원하는 경우 8년제 반에서 공부하고 일찍 졸업할 수 있다. 또 9년제 학교가 대부분인 주에도 소수지만 8년제를 선택하는 학교도 있다. 우리가 사는 라인란트팔츠 주는 9년제를 선택했지만, 아들이 다니는 학교는 이 도시에서 유일하게 8년제를 선택하였다.

한국 나이로 중학교 2~3학년 정도 되는 상급생이 되면 이제 일주일에 두세 번 정도 오후 3~4시까지 남아 수업을 더 받게 된다.° 이 이야기를 지인에게 했더니 "아니, 그럼 아이들은 언제 공부하니?"라고 하던데 신기하게 또 다들 잘 한다. 그 와중에 게임도 하고, 강아지랑 산책도 하고, 스포츠나 음악 수업도 받으면서.

대학을 나온 사람과 그렇지 않은 사람 사이에 다른 점이 존재하냐고 누군가 내게 묻는다면 망설이지 않고 바로 대답해줄 수 있다. 그렇다, 다른 점이 존재한다. 대학을 졸업하기가 쉽지 않아서 대학을 나왔다고 하면 일단 사회에서 조금 더 존경을 받고 돈도 더 많이 번다. 대학원 정원도 몹시 한정적이고, 박사 과정은 정원이 더 적다. 학위를 받는 게 얼마나 어려우면 박사 학위를 가진 사람의 이름 앞에 무슨 무슨 박사라고 꼭 붙여주겠는가? 하지만 대학을 나오지 않았다고 해서 삶에서 아웃되는 것은 아니다. 대학을 나온 사람과 그렇지 않은 사람의 임금 차이가 존재하긴 하지만 그 틈을 메워주는 복지시스템이 잘 갖추어져 있기 때문이다.

아이를 낳으면 양육비를 받고, 실직할 경우 실업수당을 받고, 소득이 충분치 않을 때는 주택수당도 받을 수 있고, 자립하기 어려운 사람을 위한 수당도 따로 있다. 자신이 낸 세금이 다시 자기

○ 간혹 상급학교 중에는 월요일부터 금요일까지 일주일 내내 오후 3~4시까지 수업을 하는 학교도 있다.

에게로 돌아온다는 것을 잘 아는 국민들은 세금 납부에 대한 거부감이 없고, 기업은 자기가 고용한 사람들을 위해 모든 보험금(의료, 연금, 실업 보험 등)의 반을 책임지고, 정부는 이 모든 것을 투명하게 처리한다. 그러니 이곳 사람들은 질병이나 실직, 퇴직 같은, 사람이 살아가면서 겪는 큰 어려움에 대해 많은 걱정을 할 필요가 없고, 살기 위해서 대학을 가는 일 또한 없다. 부모가 자녀에게 '하고 싶은 일을 하라'고 말할 수 있는 근거가 되는 셈이다.

아들과 같은 초등학교에 다니던 한 아이는 부모가 엘리트였다. 아이의 아빠는 박사 학위를 가지고 있고, 엄마도 대학을 나왔다. 그런데 아이는 도통 공부에 흥미가 없었다. 그 아이의 엄마는 아이의 특성을 재깍 알아차렸고, 인문계가 아닌 다른 학교에 아이를 보냈다. 아이의 아빠는 조금 섭섭해하는 것 같았지만 두 사람 다 자식의 미래에 대해 크게 염려하지는 않았다. 대학을 가지 않는다고 해서 아이의 삶이 나락으로 떨어진다고 생각하지 않기 때문이다.

이곳에서는 직업 훈련을 받은 사람들도 사는 데 큰 어려움은 없다. 그들이 대학을 나온 사람들에게서 인간 이하의 취급을 받거나 상식 이하의 갑질로 부당한 대우를 받거나 죽음에 내몰리는 일은 없기 때문이다. 서로 같은 인간으로서, 시민사회의 일원으로서 존중하고 존중받기 때문이다. 모든 직업이 각각 사회에 기여하는 바가 있다는 것, 그러므로 모든 직업은 존중받아야 한다는 것, 그리고 그 존중이 말만으로 끝나는 게 아니라 그에 걸맞는 정당한 대가

가 꼭 포함되어야 한다는 게 사회적으로 합의가 되어 있다. 그러다 보니 우리나라에서 일어나는 상식 이하의 갑질을 이곳에서는 상상할 수가 없다. 내가 보기엔 그 사회적 합의와 그 합의를 뒷받침하는 제도와 법이 지금의 독일 사회를 지탱하고 있는 듯하다. 그들의 교육과 입시제도가 아이들에게 지옥이 되지 않는 이유도 여기에 기반하고 있다는 게 내 생각이다.

북유럽의 다른 나라들도 이 틀에서 크게 벗어나지 않는다. 청소 노동자가 대학 교수에게 흙이 묻은 당신의 구두 때문에 방금 전에 청소한 곳이 더러워졌다는 말을 당당하게 하고, 그런 청소 노동자에게 대학 교수가 황급히 사과를 한다. 정부 청사 바닥에 커피를 쏟은 총리가 자신이 쏟은 커피를 직접 걸레로 닦는 게 당연한 사회다. 이건 개개인의 인격 문제가 아니라, 서로가 서로의 위치를 지키면서 살아남기 위해 꼭 지켜야 하는 공존의 룰이라는 걸 사람들이 알고 있기 때문이다.

정치적으로 보수적 성향을 가진 한 분이 내게 이런 말씀을 하셨다. "독일에도 분명 눈에 보이지 않는 귀족 계층이 있다." 그분은 유럽에서 공부한 이력이 있으셔서 이곳 사회를 잘 알고 계신다. 나는 그분께 말씀드렸다.

"네. 그런데 일한 만큼 제대로 돈을 주고, 최소한 인간으로서 존중은 해주잖아요."

독일도 마찬가지다. 여기에도 상류층이 있다. 계급이 있는 사회다. 아니, 계급 없는 사회라는 게 있기나 하겠는가? 독일의 공교육이 튼튼하지만, 굳이 중산층 한 달 월급과 맞먹는 비싼 학비를 내고 아이를 사립학교에 보내는 부모들이 이곳에도 있다. 모르긴 해도 그 돈을 감당할 수 있는 정도라면 나 같은 사람은 상상도 못 하는 어마어마한 자산을 가진 사람들이다. 그리고 그런 상류층은 어느 사회나 1퍼센트든 10퍼센트든 항상 존재한다. 그리고 그들은 그들만의 리그에서 친목을 다지며 살아갈 것이다.

인간 세상에서 계급, 계층을 없애는 일이 가능할까? 나는 이 질문에 대해 매우 회의적이다. 상류층의 존재는 어제오늘의 일이 아니다. 그들은 중세에도 있었고 21세기인 지금도 있다. 다만, 나는 묻고 싶다. 상위 몇 퍼센트를 제외한 나머지 대다수의 보통 사람들은 어떻게 살고 있는가? 그들이 안전하고 행복하게 살아갈 수 있는 최소한의 안전망을 그 사회가 갖추고 있는가? 아마도 그것만이 계층이 사라지지 않을 인간 세상에서 야만과 문명을, 중세와 현대를 가름할 유일한 길일지도 모르기 때문이다.

발도르프 학교
이야기

 이 세상에 문제가 하나도 없는 완벽한 곳이 있을 수 있을까? 한 살, 한 살 나이를 먹을수록 분명한 것은 사라지고, 확실한 대답이 어려운 질문만 쌓인다. 사실, 완벽하지 않은 인간이 완벽한 세상을 만들 수 있다고 생각하는 것 자체가 모순일지도 모르겠다.

 세상의 아름다운 이상과 이념을 다 끌어모은 것 같은 곳에도 항상 문제는 있다. 내가 일하는 곳인 발도르프 학교에서도 아이들 사이에 왕따, 괴롭힘, 때로는 인종차별 문제가 종종 일어난다. 가끔은 교사들 사이에서도 서로 의견이 부딪치면서 감정적으로 이야기하는 모습을 보기도 한다. 여느 곳과 다르지 않다. 하지만 한 가지, 내가 정말 이상적이라고 생각한 것은 발도르프 학교가 사립 학교라서 정부의 지원을 거의 받지 못한다는 점, 그러다 보니 학교는 학부모들이 내는 학비로 운영되는데, 모든 아이가 같은 학비를 내지 않는다는 점이다. 부모의 수입에 따라 학비가 다르게 정해지고, 만약 부모의 수입이 학비를 내기에 충분하지 않으면 학교 식당에서 일하는 것으로 학비를 대신할 수도 있다. 결국 부모의 수입이 많을수록 학비가 비싸진다는 이야기다.

내가 아는 두 독일 친구의 아이들도 이 학교를 다니는데, 둘 다 넉넉한 형편이라 꽤 많은 학비를 낸다. 반대로 내가 들어가는 7학년 수업의 한 아이 엄마는 학교 식당에서 일을 하고 있다. 하지만 엄마가 학교 식당에서 일한다고 아이가 기죽거나 놀림받는 것을 나는 아직 본 적이 없다. 그 아이가 식당에 가서 엄마와 팔짱을 끼고 웃으며 이야기하고, 친구들과 농담하는 모습을 늘 본다.

'부모의 소득이 다른데 같은 학비를 내는 게 오히려 공정하지 않다' '각자의 소득 정도에 따라 학비를 내야 한다'는 것이 이곳 발도로프 학교의 생각이다. 제대로 된 공정함, 여기에 의의를 제기하는 사람은 아직까지 없다.

10년 넘게 독일에 살면서 느끼는 건데, 이곳에서는 최소한 돈이 없다고 다른 사람에게 공개적으로 무시당하거나 목숨을 위협받는 일 같은 건 없다. 그런 게 '야만'이라는 것 정도는 사람들이 인지하고 있다. 잘사는 나라니까 멋있고 휘황찬란한 건물에 첨단 시스템이 즐비할 것 같지만 별로 그렇지 않다. 독일의 집들은 대부분 오래된 건물이 많은 데다 구식 열쇠를 쓴다. 기차나 지하철도 오래된 것들이 아직 운행되고 있고, 티켓을 검사하는 방식도 아주

옛날 방식이다. 가게 문도 자동이 아니고, 거리도 미끈하거나 깨끗하지 않다. 인터넷도 느리고, 배달 문화 같은 것도 없어서 사람들은 장바구니를 들고 직접 장을 본다.

하지만 나는 이런 것들을 불편하게 느끼지 않는다. '후지다'는 생각도 해본 적이 없다. 최첨단의 문명을 소수만 누리는 세상, 4만 원 차이로 창문 없는 고시원에서 죽어간 사람들의 소식을 들어야 하는 세상보다는 낫지 않은가?

완벽한 세상은 만들 수 없어도 최소한 야만은 벗어던진 세상 정도는 꿈꿀 수 있지 않을까? 적어도 돈이 아니라 인간이 기준이 되는 공정함과 잣대로 굴러가는 세상 정도는 꿈꿔볼만 하지 않겠는가? 그리고 지금 나는 그게 아주 불가능한 이야기만은 아니라는 걸 이곳에서 보고 있다. 건물은 낡고 후지고 인터넷은 느려도 타인의 고통에 공감하고, 그 공감이 제도와 법으로 뒷받침된 사회, 그래서 서로가 공존 가능한 사회 말이다.

파업 같지 않은 파업
그리고 아트라베시아모

 다른 유럽 국가들은 잘 모르겠지만 독일의 파업은 그렇게 특별하지 않다. 조용하다. 내게는 낯선 모습이었다. 철도기관사 파업에 노조 대변인이 방송에 나와 파업의 이유와 일정을 조곤조곤 이야기하는 모습은 솔직히 충격적이기까지 했다. 그는 '파업'이라 하면 우리가 흔히 떠올리게 마련인 빨간 머리띠도 매지 않았고, 어떻게 보면 여유로워 보이기까지 했다. 정당의 대변인들이 방송에 나와 이야기하는 모습과 별반 다를 바 없어 보였다. 철도기관사뿐만 아니라 다른 노조의 파업도 다르지 않다. 금속노조가 파업에 들어가 거리 행진을 하는 사진을 본 적이 있는데, 사람들은 깃발과 플래카드를 들고 풍선도 들고 웃으면서 걷고 있었다.
 독일에 살며 매번 마주하는 모습이지만, 파업이 일어나면 독일의 기업 경영진들은 시간을 질질 끌거나 언론 플레이를 하면서 협상을 피하는 일은 하지 않는다. 파업은 노동자들이 무언가 할 이야기가 있다고 신호를 보내는 것이니 회사를 문제 없이 운영하려면 이것부터 해결해야 한다고 생각한다. 그래서 노동자들이 일을 멈추는 순간 경영진들은 바로 협상 테이블에 앉는다. 협상이 빨리 타결될 수도 있고 몇 년이 걸릴 수도 있지만, 노동자들과의 만남을 피하거나 무시하는 일은 하지 않는다. 경영진과 만나 함께 이야기하는 것부터가 산 넘어 산인 한국의 상황과 구별되는 지점이다.

그래서인지 독일 노동자들의 파업은 과격하지 않다. 과격할 필요가 없다. 독일 기업 경영진들이 회사의 노동자를 어떻게 대하는지는 회사 운영방식을 보면 좀더 잘 알 수 있다. 독일 기업에는 '공동결정제도Mitbestimmung'라는 시스템이 있다. 간단히 설명하자면, 회사 경영에 대한 주요 의사결정이나 노동시간, 임금, 복지 등에 대해 경영진과 노동자들이 함께 논의하고 협의하는 것을 말한다. '내가 내 돈으로 만든 회사에 너를 고용해준 것이니 너는 내게 감사해야 한다' 식의 중세적인 마인드는 찾아볼 수 없다. 서로가 서로를 같은 길을 걸어가는 파트너로 대한다.

노동자가 경영에 직접 참여하는 이 방식은 놀랍게도 꽤 긍정적인 효과를 낳았다. 노동자가 자기 회사에 더욱 헌신하게 만들었고, 이는 노사가 공생하는 길을 열었을 뿐만 아니라 독일의 경제 성장에도 큰 몫을 했다는 평가를 받는다. 조용한 파업만큼이나 익숙하지 않은 건 파업 소식에 대한 시민들의 반응이었다. 버스 파업이나 유치원 교사들의 파업 소식에 화를 내는 사람들을 아직 주위에서 본 적이 없다.

대중교통의 파업을 대하는 시민들의 반응을 보아도 별반 크게 다르지 않다. 버스나 기차 같은 대중교통의 경우 파업에 들어가기 전에 미리 통보하는데, 사람들은 자기가 이용하던 교통수단을 대체할 수 있는 것들을 찾아서 계획을 짠다. 불평을 하는 사람이 없지는 않지만, 대다수는 그러려니 하고 파업이 끝날 때까지 기다린다. 불편하지만 그럴 수 있다는 게 그들의 생각이다.

또한 '노조의 이기적인' 같은 말은 하지 않는다. 그런데 이곳 사람들이 특별히 인류애가 넘쳐서 그럴까? 그렇지 않다. 독일에서는 어렸을 때부터 일하는 사람이 가져야 하는 정당한 권리를 학교와 사회에서 배우며 자란다. 상급생이 되면 현장에 나가 실습을 하게 되는데, 이 과정을 통해 미래의 직업을 경험해보는 동시에 노동자의 권리에 대해서도 몸소 체험하게 된다. 어른이 되어 사회생활을 하게 될 때, 이러이러한 규칙들이 지켜지지 않으면 부당하다고 회사에 말하도록 배우는 것이다.

파업에 대한 시민들의 조용한 지지 뒤에는 또 다른 이유가 있어 보인다. 독일은 동일노동 동일임금이다. 즉 같은 일을 하는 사람들은 각자 속한 회사가 대기업이든 중소기업이든 똑같은 임금을 받는다. 이게 가능한 이유는 사실 간단하지가 않다. 독일 경제의 중추가 되는 게 중소기업인데, 독일 정부는 이들을 지원하고 육성하는 데 정말 많은 힘을 기울인다. 중소기업이 탄탄할 수밖에 없다. 그리고 노동자들의 노조가 산별노조라 같은 일을 하는 모든 사람을 대표한다.° 그러니 파업에 대한 독일 시민들의 공감대가 형성될 수밖에 없다.

독일의 파업에서 놀라운 점 중에 또 하나는 파업 기간 중 회사가 입는 피해에 대해 노동자들에게 손해배상을 청구하는 경우가 없다는 것이다. 파업이라는 게 전략상 일하는 사람들의 부재가 확연하게 드러나도록 하는 것이니 결과적으로는 시민들의 생활이나 회사의 이익에 손해를 끼치게 되는데, 이 부분에 대한 책임을 노동자들에게 묻지 않는다. 이론적으로는 회사가 노동자들에게 손해배상을 청구할 수 있지만 그렇게 하지 않는다. 아직 독일에서 파업으로 인한 손해배상 소송 때문에 고통받은 노동자가 없었다는 사실은 한국의 현실과 비교해보면 꿈처럼 느껴진다.

파업뿐만이 아니라 해고에 대해서도 마찬가지다. 기업이 노동자를 마음대로 해고할 수 없게끔 법으로 만들어놓았지만, 노동자는 회사의 부득이한 상황에 따라 해고되어도 당장 생계를 걱정하지 않아도 된다. 여러 번 이야기했지만 새로운 일자리를 구할 때까지 정부에서 실업수당을 지급하기 때문이다.

독일도 이 모든 일을 한 번에 다 이룬 것은 아니다. '당신이 살

° 한국에도 물론 산별노조가 있지만, 기업별 단위노조가 대세다.

아야 나도 산다'는 인식이 사회 전반에 깔리기까지 많은 시간이 걸렸고, 이 인식을 바탕으로 여러 제도를 마련하고 정비하는 데도 많은 시간이 걸렸다. 독일 역시 사람 사는 곳이라서 문제가 없을 수 없다는 걸 감안하더라도 노사가 경영자와 함께 회사 경영을 논하고, 회사는 노동자를 쉽게 해고하지 못하고, 정부는 해고된 사람들이 다시 일어설 수 있도록 뒷받침하는 모습은 우리가 눈여겨볼 만하지 않겠는가?

"아트라베시아모Attraversiamo!"

이탈리아어로 "같이 건너보자"는 말이다. 독일 사회에서 흘러나오는 온갖 이슈들을 지켜볼 때마다 매번 이 말이 생각난다. 누군가의 머리를 짓밟지 않고 손을 잡고 함께 강을 건너는 사람들, 모두가 윈-윈 할 수 있는 가장 간단한 방법을 아는 사람들. 인간 세상에서 천국을 만드는 일은 불가능해도 최소한 지옥을 면하는 길은 가능해 보인다. 그저 서로 손을 잡는 것만으로 말이다.

예술을 즐기는
사람들

 이곳 사람들은 말 그대로 '예술'을 즐긴다. '나는 음대도 안 다녔는데 무슨 작곡을 하고 무슨 음반을 내겠어' '전공자도 아닌데 무슨 그림 전시회를 하겠어, 내가 그럴만한 깜냥이 되나' 하는 생각은 하지 않는다. 예술이 생활의 일부다.
 카를스루에에 살 때 알게 된 한 독일인 친구는 평범한 회사원이다. 그는 아버지의 생일파티에서 연주할 곡을 틈틈이 연습했는데, 음악을 전공한 것도 아니고 피아노를 딱히 잘 치는 것도 아니었다. 테크닉은 서툴고 자주 삑사리도 났다. 하지만 연주하는 그도, 듣던 나도 그런 것은 개의치 않았다. 그는 진정으로 연주를 즐기고 있었다. 생일파티에는 가보지 못했지만, 아마 그의 아버지도 그곳에 온 다른 사람들도 그의 연주를 즐기며 행복한 시간을 가졌을 것이다.
 친구의 생일을 축하해주기 위해 직접 악기를 연주하거나 노래

하는 사람들을 자주 본다. 사람들은 친구가 준비해온 음악을 값비싼 선물보다 더 좋아하고 고마워한다. 한 번은 남편의 독일인 친구 생일파티에 초대를 받았는데, 그의 여자친구와 부모님 그리고 여동생과 친구들이 와 있었다. 그와 친구들은 피자를 구워 손님들에게 대접했고, 디저트로 그의 어머니가 만들어온 케이크를 먹었다. 그다음 그의 여동생이 당근에 구멍을 내어 만든 피리로 그에게 어린 시절 같이 부르던 노래를 연주해주었다. 동생의 선물에 우리는 모두 즐겁게 웃었고, 그는 잠시 추억에 잠겼으며, 그의 부모님에게서 그와 여동생의 어린 시절 이야기도 들을 수 있었다.

네덜란드에서 온 친구 코니도 그랬다. 이 친구가 독일에 온 지 10주년이 되던 해는 독일인 남편의 50번째 생일을 맞는 해이기도 했다. 이 부부는 독일과 네덜란드에 사는 친구와 친척 모두를 불러 큰 파티를 열었는데, 절대 선물은 받지 않겠다고 했다. 작은 화분이라도 선물할 계획이었던 우리는 무엇을 해야 하나 무척 고민을 했는데, 비비아나가 음악 연주를 하자는 아이디어를 냈다. 어릴 때부터 리코더를 불었다는 비비아나와 며칠 짬짬이 연습을 해서 파티 때 연주를 했고, 그날 코니는 우리의 연주를 듣고 즐거워했다. 건축설계사인 파비안과 미술대 강사인 잭은 얼마 전부터 밴드를 만들어 같이 연습하고 공연도 한다. 그리고 음반을 만들 계획도 세우고 있다.

행사나 파티 때 전문가를 불러 가만히 앉아 감상하는 소극적 자세에서 벗어나 직접 연주하고 즐기는 적극적인 자세를 취하는 것. 바로 예술을 대하는 이곳 사람들의 태도다. 미술에서도 다르지 않다. 많은 아마추어 화가가 전시회를 연다. 동호회 차원에서 열기도 하고 개인이 열기도 한다. 그런데 참 재미있는 것은 전시 공간이다. 카페에서 그림 전시회나 미디어아트 전시회가 열리기도 하고, 예전에 공장으로 썼던 건물을 개조해 전시 공간으로 쓰기도 한다. 날이 좋은 여름이면 강변에서 맥주 파티를 하면서 그림 전시회를 하기도 한다. 전문가의 전시회든 아마추어의 전시회든 커다란 꽃다발 같은 건 보이지 않지만, 사람들은 편하게 그림을 감상하고 서로 이야기를 나눈다. 비평가의 말에 기대지 않고 자기의 취향대로 그림을 즐기는 사람들의 모습이 나는 참 좋다.

물론 한국 사회와 독일 사회가 다르다는 것은 알고 있다. 얼마 전 한나의 딸 마리의 플루트 연주회 반주를 도와준 적이 있었는데, 그 연주회에는 한국 학생도 한 명 있었다. 재미있게도 그 학생이 고른 곡은 빠른 연주곡으로, 유튜브에 천재니 영재니 하고 올라오는 아시아 학생 열 명 중 열 명이 택하는 레퍼토리였다. 사람들에게 '와!' 하는 감탄은 불러일으켰지만, 그 학생이 연주를 하며 재미를 느꼈는지는 솔직히 잘 모르겠다. 인정받는 것에 대한 강박이 없지 않았을 거다. 테크닉이 조금이라도 떨어진다 싶으면 바로 비웃음이 날아드는 한국 사회 아니던가.

다른 건 몰라도 '예술은 어느 경지에 이른 사람이 하는 것'이라는 생각이 우리 머릿속에 오랫동안 자리해왔다. 그 뒤에 버티고 있는 해묵은 의식이 이제는 좀 사라졌으면 좋겠다. 솔직히 나도 완전히 그 생각에서 벗어나지는 못했다. 아직도 곡을 쓰거나 글을 쓸 때면 예전에 사람들이 내게 했던 부정적인 말들이 생각날 때가 있다. 그래도 다행인 것은 그런 이야기들이 내가 곡을 쓰고 글을 적고 싶은 욕구를 방해하지는 못한다는 점이다.

마흔이 되어서야 겨우 다른 사람들의 시선에서 자유로워져 내가 하고 싶었던 음악을 만들고, 스스로 즐겁고 행복하다는 단 하나의 이유로 머릿속 생각들을 글로 쏟아내기 시작했다. 사실 무언가가 되기에 나는 이미 너무 늦어버린 건지도 모르겠다. 하지만 세상의 잣대에 기대어 보면 한참 늦고 한참 모자라지만, 쓰고 싶은 걸 글로 쓰고 만들고 싶은 음악을 만드는 일을 그래도 나는 멈추지 못할 것 같다. 누가 뭐라 해도 그게 내게는 제일 재미있는 일이기 때문이다.

누군가 내게 '음악가' 혹은 '작가'라는 직함을 주든 말든 그것과 상관없이 나는 김지혜이고 글을 쓰고 음악도 만든다. 나는 그저 그런 사람이다.

반려동물과의
동행

1

한나의 딸 마리의 소원은 집 마당에 개와 고양이, 염소와 닭이 뛰어노는 것이었다. 어릴 때부터 계속 노래를 부르는 마리를 보면서 한나는 고민이 적지 않았다. 그녀의 남편 베른트는 집에서 동물이 함께 사는 걸 결사반대했고, 이제 좀 커버린 아들 노아는 시큰둥했고, 한나는 직장 생활과 가사노동에 더해질 반려동물 돌봄까지, 상상만으로도 숨이 턱까지 차오를 지경이었다.

"개들은 하루 세 번은 산책을 시켜줘야 되잖아? 그걸 내가 평생 할 수 있느냐 이거지 지금…."

한나는 한숨을 쉬며 내게 고민을 토로하곤 했다. 오전에는 집에 아무도 없다는 것도 걱정이었다. 우리 집에 고양이 미니가 왔다는 소식을 들은 마리는 자신의 꿈에 박차를 가하느라 틈만 나면 엄마를 졸라대고 있었다.

한나가 강아지 루시를 데려왔다는 소식을 들은 건 그즈음이었다. 루시의 반려인은 일단 한나의 가족이 루시와 잘 지낼 수 있는지 서로 알아보는 시간을 가져보도록 권했다. 사료를 주는 것, 간식 시간 지키기, 산책하기 등 루시와 지내는 데 필요한 것들을 세세하게 알려주고 2주 동안 같이 지내보도록 하였다.

갈색 털을 가진 어린 골든레트리버 루시는 순하고 사람을 잘 따랐다. 새로운 집에 빠르게 적응을 했고, 새로운 가족도 잘 따랐다. 한나가 그렇게 고민을 하던 산책 문제도 생각보다 순조롭게 풀렸다. 한나가 일하러 가는 오전 시간에는 그녀의 부모님이 루시의 오전 산책을 돕고, 낮에는 마리와 노아가 번갈아 가며 산책을 시켰고, 저녁 산책은 베른트와 한나가 맡았다. 하루, 이틀 그리고 일주일이 지나자 한나와 가족 모두는 루시와 많이 친해졌다. 결사반대하던 한나의 남편 베른트는 언제 그랬냐는 듯 루시를 보면 입가에 자동으로 웃음이 번졌다.

2주 후, 이제 결정을 해야 하지 않겠냐며 한나가 말문을 열었을 때 베른트는 "이제 와서 어떻게 애를 돌려보내느냐"며 펄쩍 뛰었다고 한다. 루시는 그렇게 한나의 가족이 되었다. 귀가 얼얼할 정도로 추웠던 날, 나는 길에서 우연히 한나와 마주쳤다. 한나는 루시와 저녁 산책을 하던 참이었다.

"에고, 안 추워?"

"춥지. 아주 춥지. 이거 볼래?"

한나는 등에 붙인 핫팩을 내게 보여주었다. 우리는 둘 다 푸하하 웃었다. 뜬금없이 웃어대는 우리가 이상했는지 루시가 컹컹 짖었다. 한나의 웃음소리에 루시가 짖는 소리가 섞여 차가운 공기 속으로 퍼져 나갔다.

2

로타네 집에는 로타와 동생 요한나, 엄마 비올라, 아빠 파비안 그리고 고양이 마째가 같이 산다. 비올라의 딸들이 태어나기 전부터 마째는 그 집 식구였다. 흰색과 노란색이 섞여 있는 나이를 제법 먹은 마째는 우아한 걸음걸이로 집안을 돌아다니기도 하고, 창가에 앉아 아이들 노는 모습을 지켜보기도 하는데, 낯을 가리지 않아 내가 등을 쓸어줘도 가만히 앉아 있는다. 마째는 집 안에만 있지 않고 정원을 가로질러 밖으로 산책을 다니기도 하는데, 가끔 새 한 마리를 사냥해 거실 옆 부엌 바닥에 놔두기도 한다. 마째의 한쪽 눈이 없는 걸 안 나는 무슨 일이 있었는지 조심스레 물어보았다.

"몇 년 전에 마째가 동네 고양이랑 싸운 적이 있었는데, 그 고양이가 그만 마째 눈을 할퀴어버렸어. 그래서 지금은 한쪽 눈만으로 지내는 거야. 가끔 어지러운지 비틀거릴 때도 있는데, 건강상 큰 문제는 없다고 병원에서 그랬어."

마째의 머리를 쓰다듬으며 비올라가 말을 이었다.

"나한테는 이쁘고 멋진 고양이가 필요한 게 아닌걸. 그냥 이 녀석이 우리 곁에 계속 있으면 돼. 그거면 되지 뭐…."

비올라의 손길에 마째는 눈을 지긋이 감고 그릉그릉 기분 좋은 소리를 내었다.

3

장을 보고 돌아오는 길이었다. 두 손 가득 저녁거리를 사 들고 집으로 향하던 나는 걸음을 잠시 멈추었다. 고양이 한 마리가 천천히 걸어가고 있었다. 며칠 전 보았던 그 고양이였다. 녀석은 나를 별로 겁내지 않는 것 같았다. 흰색과 검은색이 섞여 있는 그 고양이는 예전에 내가 서울에서 같이 지냈던 고양이 '초초'와 많이 닮았다. 나는 우두커니 서서 녀석을 바라보았다. 독일에 올 때 초초를 데려오려고 이것저것 알아보았는데, 비행기 안에서 스트레스를 많이 받을 수도 있다는 이야기에 나와 남편은 포기를 했고, 내 남동생에게 초초를 부탁했다.

그 후 가끔 거리에서 길고양이와 마주칠 때면 나는 늘 초초 생각이 났고, 녀석이 몹시 그리웠다. 초초를 닮은 그 고양이가 걸어가는 방향의 끝에는 나처럼 녀석을 바라보는 아주머니 한 분이 서 있었다. 우리 집과 마주 보고 서 있는 건물에 사는 분인데, 그렇게 길에 서서 녀석을 물끄러미 바라보는 모습을 몇 번 본 적이 있었다. 눈이 마주치자 우리는 서로 인사를 나누었다.

"참 멋진 고양이에요."

나는 먼저 그녀에게 말을 건넸다.

"그렇죠?"

내 이야기에 기분이 좋은지 살며시 웃었다.

"한국에 살 때 고양이랑 같이 살았는데요. 그 친구랑 참 많이 닮았어요."

"그래요? 그 고양이는 지금 어디에 있나요? 한국에?"

"네, 한국에서 제 남동생이랑 같이 지내요."

"그렇군요."

이야기를 이어가려던 아주머니가 갑자기 목소리를 높여 그 고양이에게 소리쳤다.

"아니, 그쪽 말고 좀더 오른쪽!"

길을 가던 고양이가 그녀의 목소리에 걸음을 멈추더니 뒤를 돌아 그녀를 잠시 바라보았다. 그러고는 발 앞에 있는 무언가를 한참 들여다보더니 방향을 살짝 틀어 가던 길을 재촉했다. 마치 녀석은 사람의 말을 이해하는 것처럼 행동하고 있었다.

"우리 고양이가 요즘 눈이 안 좋아요. 나이가 꽤 많은데… 병원에 데려갔더니 시력을 조금씩 잃어가고 있대요. 그런데 어떻게 손쓸 방법이 없다고 하더라고요. 근데 얘가 한 번씩 나가고 싶어 하는데 나가지 못하게 할 수도 없고 말이에요. 걱정이 되어서 가끔 내가 이렇게 나와 봐요. 얘나 나나 같이 늙어가는 처지고, 언제까지 같이 있을 수 있을지는 모르겠지만…."

 아주머니는 멀어져가는 녀석의 뒷모습을 뚫어지게 쳐다보며 이야기했다. 노을이 지고 있었다. 어스름한 저녁 어둠이 길바닥에 살포시 내려앉으면 녀석은 익숙한 냄새와 발끝의 감촉과 그녀의 목소리를 길잡이 삼아 다시 집으로 돌아올 것이다.

 "Schönen Abend(좋은 저녁 보내세요)!" 그녀와 나는 서로 인사를 나누었다. 녀석은 어느새 내가 사는 거리의 끝까지 걸어가고 있었다. 아주 작은 점처럼 보이는 녀석을 보며 나는 중얼거렸다. 다가올 겨울을 잘 나고, 따듯한 봄날에 햇살을 등에 업고 동네 길을 어슬렁거리는 녀석과 오늘처럼 또 마주치기를, 아주머니와 그렇게 오래오래 같이 살기를…. 길가에 잠시 내려두었던 장바구니를 들고 나는 다시 집으로 향했다.

베를린
홀로코스트

1

하마터면 그냥 지나칠 뻔했다. 아들과 함께 찾아간 베를린 홀로코스트 추모 공원은 생각했던 것보다 훨씬 더 평범해 보였다. 이 곳에 있는 '학살된 유럽 유대인들을 위한 기념비'는 미국 건축가 피터 아이젠먼의 설계로 2005년에 완공되었다. 베를린을 상징하는 조형물 중 하나인 브란덴부르크 문에서 5분 정도 걸어가면 나오는데, '베를린 홀로코스트 기념비'라는 알림판이나 입구가 별도로 마련되어 있지 않아서 정말 그냥 지나칠 뻔했다. 아무런 글도 설명도 없는, 높이만 다른 똑같은 회색 콘크리트 비석들이 베를린 도심 한가운데에 덩그러니 그렇게 놓여 있었다. 관광객들이 빠뜨리지 않고 들르는 곳인 만큼 비석 사이로 걷거나 그 위에 앉아 쉬는 사람들의 모습을 적잖게 볼 수 있었다.

아들과 함께 천천히 그 사이를 걸어가 보았다. 높이는 다르지만 똑같이 생긴 비석 사이를 걸으니 조금 이상한 기분이 들었다. 비석들이 서 있는 공간의 지면은 안으로 걸어 들어갈수록 푹 꺼지는 것 같았고, 반대로 비석들의 높이는 높아져서 벽면 하나 없는 열린 공간임에도 불구하고 갇혀 있는 듯한 답답한 느낌이 들었다. 끝이 없어 보이는 회색 비석들 사이를 걸으며 나도 모르게 얼굴이 점점 굳어졌다. 가스실을 향해 내딛던 유대인들의 발걸음….

그 무게가 70여 년이 지난 지금, 지구 반대편에 살던 한 이방인의 발끝으로 전해져 오는 것 같았다. 그리고 나는 그곳에서 '안산 추모 공원'을 떠올렸다.

2

수도 한복판에 홀로코스트 기념비를 세우기까지 사실 독일도 쉽지만은 않았다. 흔히 독일이 과거사를 청산하는 일에 적극적인 국가라고 생각하지만, 독일도 처음부터 그랬던 것은 아니다. 지금은 나치 부역자들을 한 명도 놓치지 않고 찾아내 법정에 세우고 있지만, 한때 독일 정부는 나치 부역자들에 대한 사면법을 통과시켜 그들의 공직 복귀를 허용한 적도 있었다.

1949년의 일이었다. 공식적으로 첫 서독 정부가 된 콘라트 아데나워 정부는 과거를 청산하는 일에 정치적 부담을 느끼고 있었다. 전쟁에 패한 후 폐허가 된 독일을 빨리 일으켜 세워야 한다는 생각이 강했고, 경제 발전을 위해서는 행정에 능한 정부관리가 필요했으며, 정부는 그 '행정에 능한' 관리들이 과거 나치 정권에 협력한 사람일지라도 크게 개의치 않았다. 우리에게도 낯설지 않은 상황이다. '화해' '통합'이란 말이 아마 유령처럼 독일 사회에 돌아다니고 있었을 것이다.

미국과 소련이 날카롭게 대립하고 있던 세계 정세도 이런 상황을 더 부추겼다. 우리가 익히 알고 있는 냉전시대, 소련과 정치적으로 날카로운 대립을 하고 있던 미국으로서는 자기편에 서줄 힘 있는 우방이 필요했고, 서독이 경제적 부흥을 빨리 이룰 수만 있다면 나치 전범들의 복귀 정도는 눈감아줄 수 있었다. 이 시기에는 국민의 생각도 정부와 크게 다르지 않았다. 대부분의 독일 시민은 유대인 학살을 나치 친위대에 있던 몇몇 사람들의 범죄일 뿐이라고 생각했고, 과거 청산보다는 독일의 미래를 보고 달려야 한다는 의견이 많았다.

그런데 독일 사회의 이런 흐름을 바꾸는 몇 가지 계기가 있었다. 나치 전범들에 대한 처벌이 제대로 이루어지지 않은 독일 사회에서 다시 반유대주의가 고개를 들기 시작했고, 나치 협력자들이 전체 공무원의 60퍼센트를 차지하자 젊은이들과 지식인들이 나서서 서독 정부와 기성세대에 대해 비판을 했다. 독일 사회 내의 파시즘과 권위주의에 대한 비판은 1967년 6월 2일 한 대학생의 죽음을 계기로 사회 전체의 분노로 이어진다.

자국민을 폭력적으로 탄압하던 이란의 국왕 부처가 독일을 방문하는데, 독재자의 방문에 대학생들이 항의하는 시위를 벌였다. 경찰이 이 시위를 과도하게 진압하는 과정에서 베노 오네조르크라는 학생이 경찰의 총격으로 사망하게 되고, 이후 참으로 낯익은 광경들이 연출된다. 경찰은 발뺌을 하고, 보수 언론은 학생들에게 책임을 돌리기 바쁘고, 정부는 책임을 회피하려고 했다. 어딜 가나 역사의 흐름은 비슷한 면이 있는 것인지, 학생들의 항의로 시작되었던 이 시위는 독일 사회의 온갖 부조리한 면에 대한 분노로 확대되었다.

3

이는 곧 우리가 익히 알고 있는 68혁명이 독일에서 시작된 계기다. 68혁명은 과거 청산을 미루고 아무런 반성 없이 경제적 발전만을 내세우던 독일 정부와 다시 반유대주의가 기승을 부리려던 독일 사회에 정치, 문화적으로 큰 변화의 틀을 만들어낸다. 이런 흐름 속에서 이전과는 다른, 과거 청산에 적극적인 정부가 탄생하는데, 바로 많은 사람의 뇌리에 잊히지 않는 장면을 남긴 '무릎 꿇은 총리' 빌리 브란트 정부다. 그럼에도 불구하고 여전히 많은 독일인에게는 유대인 학살이 평범한 독일 시민과 상관없는 일이라는 인식이 강했다. 제2차 세계대전에는 패했을지 몰라도 독일 정규군, 곧 독일 국방군Wehrmacht은 '결백하고 기사도적'이었다는 이

미지가 퍼져 있었다.°

그런데 유대인 학살이 몇몇 나치들뿐만이 아니라 독일 국가 전체가 개입되어 계획되고 실행된 것이라는 증거가 나오기 시작했다. 독일 정규군이 학살에 참여했다는 증거가 학계에서 나왔는데, 1995년 독일 사회조사연구소가 독일 전역을 돌며 열었던 '절멸전쟁: 1941년부터 1944년까지의 독일 국방군이 자행한 범죄'라는 전시회는 이 증거들을 시민들이 직접 자기 눈으로 확인할 수 있는 기회가 되었다.

독일 정규군은 전쟁범죄와 무관한, 그저 조국을 지킨 군인이었을 뿐이라는 독일인들의 인식이 이를 계기로 깨졌고, 독일 사회에도 큰 파장이 일었다. 결국 제2차 세계대전에 참여한 독일 정규군이라는 말은 평범한 독일 시민이라는 이야기였다. 그렇게 독일의 모든 시민이 이 범죄에서 자유로울 수 없다는 것을 서서히 깨닫기 시작했다. 그리고 이 자각은 다시는 과거를 반복하지 않겠다는 시민사회의 움직임으로 이어진다.

4

세월호 소식을 독일에서 처음 들었을 때가 생각났다. 모두 구조되

○ 「한국일보」, '홀로코스트와 무관하다던 독일 정규군, 실상은 공범이자 주범이었다', 2015. 6. 30.

었다는 오보를 믿고, 다행이다 생각하고 있다가 느닷없이 듣게 된 날벼락. 수많은 생명이 속수무책으로 죽어가는 장면을 라이브로 보게 되리라고 누가 상상이나 할 수 있었겠는가. 세월호는 단순한 사고가 아닌 우리 사회가 가지고 있는 모든 부조리한 면이 뒤섞여 만들어진 예고된 참사였다. '치유공간 이웃'의 이명수 대표는 그 죽음을 두고 "304개의 우주가 우리 눈앞에서 속수무책으로 사라졌다. 그게 세월호 참사다"라고 말했다. 그렇게 우주가 눈앞에서 속수무책으로 사라질 때 우리는 무엇을 하고 있었는가? 그리고 우주가 사라지는 대참사 이후 우리는 그 일을 어떻게 기억하고 있는가?

회색 구름이 하늘을 뒤덮은 여름 오후, 구름보다 더 짙은 회색의 비석들을 바라본다. 과거를, 그것도 단순한 과거가 아닌, 떠올리는 것만으로도 고통스러운, 평범하지 않은 과거를 잊지 않고 기억하는 방법에 대해 생각해보게 된다. 눈곱만큼도 엄숙해 보이지 않는, 평범한 비석들 사이로 과거와 현재를 잇는 튼튼한 줄이 느껴진다.

P.S. 수도 한복판에 잊고 싶은 과거를 정면으로 떠올리게 하는 홀로코스트 기념비를 세운다는 게 단순한 일은 아니었을 것이다. 기금 마련부터 설계에 이르기까지 지난한 과정이 있었고, 기념비가 세워진 지금도 반대의 목소리는 끊이지 않는다. 얼마 전에는 독일

극우정당 소속의 비외른 회케라는 정치인이 홀로코스트 기념비를 두고 수도 한복판에 부끄러운 기념비를 설치하는 건 독일인뿐이라며 투덜거렸다. 그의 발언을 듣고 많은 영감을 얻은 예술가들이 그에게 멋진 예술품을 선물했는데, 부끄럽다고 말한 홀로코스트 기념비의 축소판을 그의 집 앞마당에 설치해주었다. 그의 옆집을 열 달 정도 빌려 비밀리에 진행했다는 이 멋진 프로젝트로 잠시 독일이 떠들썩했다. 정말 멋지지 않은가?

스스로 생각하지 못하는 다수

어학원에 다닐 때였다. 하루는 선생님이 좀 묘한 그림 한 장을 들고 와서 학생들에게 보여주며 물었다.

"이 그림을 보니까 어떤 생각이 드나요?"

그 그림 속에는 콧수염이 난 남자가 계단 중간쯤에서 시선을 살짝 위로 고정시킨 채 서 있었다. 표정은 부자연스러웠고 무언가 어색하면서도 위압감이 느껴졌다. 사람들의 이런저런 이야기를 듣던 선생님은 고개를 끄덕이며 그림 속 남자에 관한 이야기를 들려주었다. 그는 사람들에게 자기만 따라오면 독일을 다시 위대하게 만들어주겠다고 했고, 사람들은 그의 이야기를 한 치의 의심도 없이 믿고 받아들였다. 그리고 그 남자는 합법적으로 정권을 잡는다.

"팔로우 미Fallow me! 그러는 것 같지 않나요?"

선생님이 웃으며 말했다. 그리고 그날 수업은 콧수염을 달고 어색하게 서 있던 그림 속 남자와 그 남자의 말을 듣는 족족 믿으며 신처럼 숭배했던 독일인들에 관한 이야기로 채워졌다. 제2차 세계대전 이후 독일의 많은 지식인이 고민을 했다고 한다. 어떻게 저렇게 앞뒤가 맞지 않는 말을 해댄 히틀러가, 어떻게 쓰레기만도 못한 가치관을 가진 히틀러가 합법적으로 집권할 수 있었을까 하고. 더군다나 군사 쿠데타도 아니고 합법적인 선거를 통해 당선된 히틀러를 보면서 충격을 받은 것이다. 그리고 그들은 그 원인으로 '스스로 생각하지 못하는 다수'를 지목했다. 이후 독일은 '스스로 생각하는 시민'을 길러내기 위한 교육에 대해 진지하게 고민하게 된다.

보이텔스바흐Beutelsbach. 독일 남쪽에 위치한 이 작은 도시에서 정치적 입장이 다른 학자, 정치가, 교육가 들이 모여 열띤 토론을 벌였다. 그리고 1976년, 이 토론의 결과를 통해 정치적 입장을 떠난 그야말로 대합의, 바로 보이텔스바흐 협약이 이루어졌다. 이 협약은 강제적으로 학생들에게 특정한 정치적 견해를 주입해서는 안 된다는 것, 정치나 사회, 역사에 관한 다양한 해석을 학생들이 스스로 생각하고 같이 논쟁할 수 있도록 한다는 것 그리고 학생이 자신의 상황과 이해관계를 고려해서 스스로 정치적 입장을 결정하고 행동하게 하자는 것, 이 세 가지 원칙을 골자로 한다.

더 나아가 어떤 정권이 들어서더라도 이 협약이 지켜져야 한다는 조항도 담았다. 정치인의 말이든 기업의 광고든 받아들이는 사람인 다수의 시민이 옳고 그름을 스스로 생각해서 구별해내지 못할 때, 독일 역사에서 재앙과도 같았던 히틀러의 등장이 다시 반복될 수 있다는 게 독일인들의 생각이다. 다양한 의견이 존재하는 민주주의라는 제도 안에서 그 제도를 운영해 나가는 보통 시민들, 그 다수의 역량이 얼마나 중요한지 뼈저리게 느꼈기 때문이다. 물론 이런 교육에도 불구하고, 다시 독일을 위대하게 만들자며 '위대한 독일'을 외쳐대는 독일인들이 나오기는 한다.

독일 전체 국민 중 소수에 불과하던 이들이 얼마 전 합법적인 정치 공간에 들어서는 기염을 토했다. 상대할 거리가 안 된다고 믿었던 이들이 과거 히틀러처럼 합법적인 공간에 들어서자 많은 독일인이 놀라며 우려를 나타냈다. 다양한 의견이 존재하는 민주주의 사회에서는 신新 나치 같은 사람들의 의견도 당연히 존재할 수 있다. 다만, 인간에 대한 기본적인 이해와 포용이 전무한, 인류애를 거스르는 그런 생각이 그 사회의 전체 생각에서 어느 정도를 차지하는가가 관건이다.

이런 목소리가 힘이 있는지, 아니면 소수에 불과한지는 그 사회가 얼마나 건강한지를 가늠하는 잣대가 될 수 있다. 비록 작은 목소리라도 옳지 않은 일에 대해 항의하고, 부당한 일에 대한 분노를 차근히 모아 공감대를 넓혀 나갈 때 그 사회가 아프지 않고 건강하게 나아갈 수 있지 않을까?

2018년 11월 9일 트리어 시내에서 집회가 열렸다. 신 나치라고 불리는 사람들이 집회 신청을 했고, 이 소식을 들은 시민들이 같은 곳에 집회를 열겠다고 신청서를 냈다. 독일에서 11월 9일은 여러 이유로 매우 특별한 날이다. 그중에서도 1938년 11월 9일은 '수정의 밤'이라는 사건이 있었던 날이다. 독일인들은 무작위로 유대인의 집과 상점을 부수고 불태우고 유대인들을 체포했는데, 그 배후에는 나치가 있었다. 수많은 유대인이 죽었고, 그들의 재산이 몰수되거나 파괴되었다. 거리에 흩어진 유리 파편들이 꼭 수정처럼 빛났다고 한다. 그날을 잊지 않고 기억하기 위해 독일의 모든 언론은 11월 9일만 되면 꼭 이 사건을 언급하고 지나간다. 한 해도 빠트리지 않았다.

네 명의 신 나치 독일인들이 과거 나치들처럼 횃불을 들고 트리어 시내 한복판에서 "1938년 11월 9일에 독일인들이 잘못한 건 하나도 없다"라고 외치기 시작했다. 그러자 그들이 서 있는 곳에서 몇 미터 떨어진 곳에 모인 시민들이 그 소리에 맞서 야유를 퍼부었다. "나치는 꺼져라!"

"이 일이 잘못되었다고 말한 지식인들은 아주 소수에 불과했어요. 독일인들은 그 점을 부끄럽게 생각하고 있습니다."

소리 높여 외치는 사람들을 보면서 11월 9일에 대해 이야기하던 어학원 선생님의 말씀이 떠올랐다. 비가 추적추적 내리고 있었다. 소리치는 사람들의 입에서 나오는 입김이 거리를 감싸 안는 것 같았다. '이 일이 잘못되었다고 말한 사람들'이 소수가 되지 않기 위해 모인 사람들의 목소리가 도시 광장에 울려 퍼졌다. 추웠지만 이상하게 따듯한 날이었다.

어디로 가세요,
낭떠러지 그 앞에 서서

1
"우리는 낭떠러지를 보지 않기 위해 무언가로 앞을 가린 다음에 낭떠러지로 근심 없이 달려나간다. _블레즈 파스칼"

독일 아이들은 보통 초등학교에 들어가면서부터 글을 배운다. 학교에서는 일주일에 알파벳 하나, 숫자 하나를 쓰고 읽을 수 있게 한다. 아이들이 스스로 문자와 숫자에 관한 개념을 잡아 나가게 하는 것이다. 가끔 나이 차이가 큰 형제자매를 둔 아이들이 어깨너머로 배워 오는 경우가 있지만, 그럴 경우에도 부모는 아이가 다른 아이들보다 학습 내용을 먼저 익히고 학교에 들어간 걸 다행으로 여기는 게 아니라, 아이들이 수업시간을 지겨워할까 봐 걱정한다.

아들의 초등학교 담임 선생님은 좀 독특했다. 보통 독일의 초등학교에서는 입학하고 한참 시간이 지나야 시험을 치르는데, 이분은 놀랍게도 입학 한 달 뒤에 바로 아이들에게 시험지를 나눠주었다. 수업 진도와 상관없이 어떤 아이가 얼마만큼 쓰고, 셈할 수 있는지를 알아보려고 한 것이다. 아들에게 알파벳 하나 가르치지 않고 학교에 들여보낸 나는 황당하기 그지없었다. 한나의 표현을 빌리자면, 독일 교사 100명 중 두세 명 있을까 말까 한 경우였다. 그 황당한 첫 시험 결과를 가지고 담임 선생님은 학부모들과 상담을 했다.

학부모들은 "당신의 아이는 인문계에 수월하게 진학할 수 있습니다" 혹은 "당신의 아이는 반에서 성적이 안 좋은 몇 퍼센트 안에 듭니다"라는 말을 학교에 입학한 지 한 학기도 지나지 않은 상태에서 들어야 했다. 이 상담에 문제를 느낀 학부모 대표는 부모 모임을 제안했다. 평일 저녁 시간, 동네 카페에서 만난 부모들은 다들 담임 선생님에 대한 불만이 많았다. 이제 겨우 1학년인 아이들을 데리고 너무 급하게 몰아붙이는 것도 문제고, 각기 다른 아이들을 획일적으로 인문계에 보내겠다는 생각을 한다는 것 자체도 문제였다.

나 역시 마찬가지였다. 이제 막 알파벳을 배우기 시작한 아이들에게 문장을 읽고 뜻을 파악하지 못하면 풀 수 없는 산수 문제를 풀게 하고, 그걸로 아이들을 판단한 담임 선생님에 대한 불만이 컸다. 이렇게 4년을 이 담임 선생님과 쭉 지내야 한다는 생각을 하니 아찔하기까지 했다. 나는 우연히 옆자리에 앉은 한나에게 불만을 토로했고, 한나는 내 이야기를 듣고 자신도 같은 생각이라며 고개를 끄덕였다. 그리고 내게 자신이 담임 선생님과 상담하면서 나눈 이야기들을 들려주었다.

담임 선생님은 한나가 의자에 앉자마자 한나의 딸 마리에 대해 이야기하기 바빴다고 했다.

"마리 정도면 거뜬히 인문계에 들어갈 수 있어요…."

선생님의 이야기를 듣던 한나는 이렇게 말했다고 한다.

"선생님! 그렇게 말씀해주셔서 감사합니다. 그런데 저는 우선 우리 아이가 반 아이들과 잘 어울려 노는지, 도움이 필요한 친구를 기꺼이 잘 돕는지… 그런 것부터 먼저 알고 싶습니다."

한나의 이야기를 듣던 담임 선생님은 아무 말 없이 책상 모서리를 문지르기만 했다고 한다.

2

아들과 같은 반이었던 아이들 부모의 직업은 그야말로 다양했다. 회사원, 교사, 건축 설계사, 그래픽 디자이너, 건설 노동자, 의사 등 다양한 직업인 만큼 부모들이 자신의 아이에게 거는 기대치도 다 달랐다. 그럼에도 내가 그들을 '모두 좋은 사람들'이라고 생각한 점은 딱 하나다. 자기 아이에 대한 기대치로 다른 아이들을 무시하거나 짓밟지 않았다. 의사 집안 아이가 생계 보조를 받을 만큼 가난한 아이를 친구로 삼아도 아이의 부모가 뭐라고 하지 않고, 그 아이를 기꺼이 자기 집에 데려와 놀게 하는 게 적어도 이상하지 않을 정도는 되었다. 좀 사는 사람들의 동네와 가난한 사람들의 동네가 길모퉁이 하나 차이로 섞여 있고, 돈 있는 사람이나 돈 없는 사람이 같은 동네 슈퍼마켓에서 장을 보는 게 이곳에서 나고 자란 사람들에게는 너무 당연한 일이었다.

3

독일의 학교 성적표에는 석차가 없다. 초중고 다 그렇다. 반 석차, 전체 석차가 없다.° 단지 아이가 치른 시험에 대한 결과만 있는 성적표가 내게는 꽤 낯설었다. 그렇다 해도 아이들은 어렴풋이 누가 공부를 잘하는지는 안다. 하지만 누가 나보다 더 잘하고, 누가 나보다 못 하는지를 눈으로 직접 확인할 데이터는 없다.

이곳 부모들도 별반 다르지 않아서, 자기 아이가 시험을 잘 보면 좋아하고, 못 보면 속상해한다. 하지만 석차라는 것이 없다 보니 풍경이 조금은 다르다. '누구보다 더 잘해야 한다'는 이야기 대신 아이가 받은 점수에 관해서만 이야기를 하게 된다. 석차는 없지만 유급제도가 있어서 성적이 평균 이하로 많이 떨어지면 그 학

○ 한국에서도 중학교까지는 석차가 없어졌다는 이야기를 들었다.

생은 한 해 더 같은 수업을 들어야 하기 때문이다. 어떻게 보면 성적표에 석차가 나오는 것과 유급제도가 존재하는 것이 별반 차이가 없는 듯하지만, 내 눈에는 절대평가와 상대평가가 가지는 차이점이 그 사회의 전체 분위기와도 연결되어 있는 듯 보인다. 절대평가에서는 경쟁의 상대가 타인이 아닌 그저 자기 자신이기 때문이다.

미국의 사회학자이자 심리학자인 알피 콘은 자신의 저서°에서 이렇게 말한 바 있다. '타인을 이기는 것과 일을 잘하는 것을 전혀 구분하지 않음으로써 우리가 경쟁에 대한 개념을 혼란스럽게 만들고 있지 않느냐'고. 그의 말처럼 우리는 정말 타인을 이기는 것과 일을 잘하는 것의 의미를 혼동하고 있는 것이 아닐까?

4

예전에 한 신문 기사를 흥미롭게 읽은 적이 있다. 핀란드 교장협의회 회장인 피터 존슨의 인터뷰였다. 내가 흥미로웠던 것은 핀란드 교육에 관한 그의 이야기보다 한국 기자의 질문을 잘 이해하지 못하는 아니, 이해하기 힘들다는 그의 토로였다.°° 예를 들면, "한국에서는 똑똑한 학생이 고등학교를 졸업한 뒤, 대학에 진학하지

° 『경쟁에 반대한다』(알피 콘 지음, 이영노 옮김, 산눈)
°° 「프레시안」, '국제학력평가 1위, 핀란드의 비결은?' 2007. 10. 22.

않고 공장의 생산직 노동자가 되겠다고 하면 부모가 기를 쓰고 말린다" "한국 고등학생들 사이에서는 의과대학에 입학하기 위한 경쟁이 날로 치열해지고 있다. 의과대학을 졸업하면 수입이 많기 때문이다. 부모들도 이를 권한다"라는 기자의 말을 그가 이해할 수 없었기 때문이다.

통역의 문제가 아니라, 직업 간 소득 격차가 한국보다 현저히 낮고 대학을 나오지 않았다는 이유로 차별받는 일이 없는 핀란드 사람인 그에게 그런 질문 자체가 낯설었을 것이고, 그는 자신이 제대로 기자의 질문을 이해한 건가, 혹시 통역이 잘못된 건 아닌가 고민이 되었을 것이다. 교육은 그 사회의 거울이라는 흔하디흔한 이야기가 생각났다. 그리고 핀란드 종합학교의 교장 떼무 라팔라이넨의 말을 들으니 피터 존슨의 고역이 더 이해가 갔다.

'한국과 핀란드 교육의 차이는 학생들에게 동기부여를 하는 게 경쟁이냐 협력이냐 하는 것이다. 경쟁 자체가 나쁜 건 아니지만 가장 큰 문제는 한 명의 승자와 다수의 패자를 만든다는 것에 있다. 학습 과정에서 경쟁이 발생할 수는 있지만 그것을 목표로 삼지는 않는다.' ○○○

○○○ 「서울신문」, '포용적 성장 출발은 평등교육… 핀란드 움직이는 학교 혁신', 2017. 5. 28.

5

미국 생물학자 데이비드 조지 해스컬의 책을 읽었는데 무척 재미있었다. 흔히 우리는 나무 한 그루, 한 그루가 독립적으로 살아가며 더 많은 햇빛과 영양분을 차지하려 한다고 알고 있다. 그래서 숲에는 경쟁하는 관계만 존재한다고 생각하기 쉽다. 하지만 저자는 오해라고 말한다.

'식물은 겉보기에는 독립되어 있는 것 같지만 실제로는 땅속의 배우자 균류와 물리적으로 연결되어 있다. 만다라의 단풍나무가 대기 중에서 탄소를 뽑아내어 당으로 변환하면 이 당은 뿌리로 운반되어 균류에게 공급된다. 그러면 균류는 이 당을 자신이 쓰기도 하고 히코리나 단풍나무, 미국 생강나무 따위에게 전달하기도 한다. 그러므로 식물 공동체에서 개별성이라는 것은 대부분 환상이다.'ㅇ

인간도 동물이고, 그저 생태적으로 진화적으로 풍성한 환경에서 살아가는 영장류일 뿐이며, 자연은 별개의 장소가 아니라는 그의 말에 고개를 끄덕이며 책을 읽었다.

ㅇ 『숲에서 우주를 보다』 (데이비드 조지 해스컬 지음, 노승영 옮김, 에이도스)

6

산티아고 순례길에 관해 한 선배님이 하신 이야기가 가끔 생각난다. 순례길에서 만난 한국 남자들에 관한 이야기였다. 참 신기하게도 그들은 서로 얼마 동안(시간), 얼마(거리)를 걸었는지 물어보고 상대의 기록이 자신의 것보다 높다고 생각되면 더 분발해야겠다며 전의를 다지며 길을 서둘렀다. 순례길이 품고 있는 역사적 배경이나 그가 걷는 시간, 그 길이 보여주는 풍경은 그들에게 별 의미가 없어 보였는지도 모르겠다. 아니, 어쩌면 왜 자기가 그 길을 걷고 있는지조차 모르고 걸었는지도 모른다. 이 이야기를 들으면서 나는 산티아고 순례길에 대해 누군가가 풀어놓은 다른 이야기도 생각이 났다.

길에서 만난 낯선 사람들에게 약을 나누어주고, 목이 마를 땐 물을 건네고, 누군가의 냄새나는 발에 난 물집을 따주며 "당신을 도울 수 있어서 얼마나 좋은지 몰라요"라고 말하는, 순례길에서 만난 사람들에 관한 회상이었다.°° 천년의 오랜 시간 이어져온 순례길은 자기가 이겨내야 할 대상이 유일하게 '자신'뿐인, 길에서 만난 다른 사람들과 서로 돕고 또 도움을 받으며 걸어가는 길일 것이다. 우리 인생이라고 그 순례길과 다르겠는가.

"왜 우리는 이기기 위한 경주에 삶을 낭비하는가?"라는 알피 콘

°° 「경향신문」, '카미노 데 산티아고 800km 도보 순례(1)', 2007. 2. 1.

의 말이 문득 떠올랐다.

7

우분투Ubuntu. 한때 소셜 미디어에서 유행처럼 번지던 말이다. 남아프리카 공화국 건국이념이기도 한 이 말은 아프리카 반투족의 인사말로 '우리가 함께 있기에 내가 있다' '당신이 있어 제가 있습니다'라는 뜻이다. 이 말이 사람들 사이에서 회자가 된 건 한 일화 때문이다.

미국의 한 사회학자가 아프리카 부족을 연구하던 중 한 부족 아이들을 모아놓고 게임을 제안했다고 한다. 과일이 가득 담긴 바구니를 놓고 먼저 바구니까지 뛰어간 아이에게 그 과일을 다 주겠다고 한 것이다. 그의 예상을 뒤집고 아이들은 마치 약속이라도 한 듯이 모두 손을 잡은 채 같이 달리기 시작했다. 그리고 어느 누가 먼저 도착하고 어느 누가 뒤처지는 일 없이 다 같이 같은 시간에 당도했다.

1등으로 도착한 사람에게 모든 과일을 다 주려고 했는데, 왜 다 같이 손을 잡고 달렸냐는 그의 질문에 아이들은 이 유명한 말로 대답을 한다. "우분투." 그리고 한 아이가 거기에 덧붙여 이렇게 이야기한다.

"나머지 다른 아이들이 다 슬픈데 어떻게 나만 기분 좋을 수가 있는 거죠?"

당신이 있기에 내가 있다. 서로의 존재로 완성되는 게 인간이라는 걸 이 아이들은 이미 어느 학자나 현자보다 더 잘 알고 있는 듯하다. 경쟁이 발전의 밑거름이라고 말하는 사람은 누구였던가? 어디에서 시작된 말인가? 그 말이 우리 사회에서 고개를 쳐들고 힘을 가졌을 때 우리는 과연 행복했던가? 낭떠러지로 근심 없이 달려가기 전에 잠깐 생각해볼 일이다.

음악 창작노트 3
♩ 네가 있어서 다행이야

1

'음악이 무슨 소용인가?' 곡을 쓸 때마다 나는 이 질문과 마주하게 된다. 내가 하고 싶고, 하면서 즐거운 일이라는 이유 말고 내가 일원으로 속해 있는 이 사회에 내가 만드는 음악이 어떤 소용이 있을까 하는 질문은 늘 가볍지 않게 다가온다. 매번 마주하는 질문이지만, 나는 아직도 명쾌한 답을 찾지 못한 채 빌빌거리고 있다. 그럴 때면 나는 평소에 자주 듣지도 않는 모차르트의 오페라 아리아 한 꼭지를 찾아 듣는다. 오래전 보았던 영화 속 한 장면 때문이다.

살인 누명을 쓰고 감옥에 수감된 앤디가 우연히 교도소 간수의 방에 들어갔다가 모차르트 오페라 〈피가로의 결혼〉 음반을 발견하고는 묘한 미소를 띠며 문을 걸어 잠그고 음반을 틀어 교도소 전역으로 음악을 내보내던, 영화 〈쇼생크 탈출〉 속 한 장면 말이다. 교도소 곳곳에 설치된 스피커에서 음악이 흘러나오자 죄수들은 누구랄 것 없이 모두 하던 일을 멈추고 가만히 서서 그 음악을 듣는다. 이 노래가 울려퍼질 때 앤디의 교도소 단짝 친구 레드가 하던 독백을 나는 아직도 잊을 수 없다.

"나는 지금도 그때 두 이탈리아 여자들이 뭐라고 노래했는지 모른다. 사실 알고 싶지도 않다. 모르는 채로 있는 게 나은 것도 있다. 난 그 노래가 말로 표현할 수 없는, 가슴이 아프도록 아름다운 이야기였다고 생각하고 싶다. 그 목소리는 이 회색 공간의 누구도 감히 꿈꾸지 못했던 하늘 위로 솟아올랐다. 마치 아름다운 새 한 마리가 우리가 갇힌 새장에 날아 들어와 그 벽을 무너뜨린 것 같았다. 그리고 아주 짧은 한순간, 쇼생크의 모두는 자유를 느꼈다."

2

"Schön, dass du bei mir bist"라는 말을 이곳에서는 심심찮게 들을 수 있다. 엄마가 아이에게, 아이가 엄마에게, 친구가 친구에게 이 말을 한다. 아들이 어렸을 때 읽어주었던 독일 동화책에서 자주 보기도 했다. 직역을 하면 '네가 내 곁에 있어서 좋다'는 말인데, 나는 이게 자꾸 '네가 내 곁에 있어서 참 다행이다'라는 말로 들린다.

3년 전 이 곡을 쓸 당시 개인적인 상황도 좋지 않았지만, 한국의 상황도 좋지 않았다. 박근혜 씨가 청와대에 있을 때였고 정말 많은 일이 있었다. 세월호 생존자 학생이 자살을 시도했다는 소식이 들린 것도 이 무렵이었다. 지옥에서 힘겹게 살아 돌아온 그가 자기 생을 스스로 마무리하겠다는 생각을 하게 되기까지 얼마나 마음이 복잡했을지 솔직히 나는 상상이 안 된다. 짐작하는 게 가능하리라고도 생각하지 않는다.

제2차 세계대전 이후 누군가의 죽음과 누군가의 고통에 무관심으로 일관하고 아무렇지 않게 일상을 살아가는 사람들을 보며 독일 소설가 하인리히 뵐은 한탄했다. 고통받는 사람들을 외면하고 지겨운 표정으로 일상에 복귀하는 우리의 모습…. 희안하게 반세기가 지난 지금도 다르지 않다.

음악이 삶을 마감하려 한 그 친구에게 무슨 소용이 있을까? 영화 속에서 모차르트의 오페라 아리아가 쇼생크에 수감된 죄수들의 처지와 아무 상관 없었던 것처럼 나의 이 곡도 그가 처한 상황과 아무 연관이 없을 수 있겠다. 그리고 그는 이 곡을 들을 수 없을지도 모른다. 그래도 그에게 말해주고 싶다.

"당신이 우리 곁에 있어서 참 좋고, 당신이 이렇게 우리 곁에 있어서 참 다행이다"라고.(〈네가 있어서 다행이야〉는 가을 발매 예정인 곡입니다.)

4장

어깨를 부딪친 모두가
삶의 스승

빨간머리
앤 아주머니

'빨간머리 앤 아주머니'는 내가 우리 동네 슈퍼마켓 정육점 코너에서 일하는 한 아주머니에게 붙여드린 별명이다. 처음 아주머니를 만난 건 4년 전, 우리가 막 트리어에 이사를 왔을 때였다. 이사를 하기로 한 날, 아들은 열이 40도로 온몸이 펄펄 끓었다. 어쩔 수 없이 이사를 이틀 뒤로 미루기는 했지만, 짐 정리로 먼지투성이인 집에 아픈 아이를 계속 둘 수는 없었다.

해열제를 먹인 뒤 열이 조금 떨어지면 자동차로 빨리 이동하라는 의사의 말에 약을 먹이고 아들을 차에 태웠다. 약 기운이 떨어지자 서서히 열이 올라가는 아들을 조마조마한 마음으로 지켜보며 우리는 그렇게 카를스루에를 떠나 이곳으로 왔다. 아이가 아프니 다급하게 장을 봐야 했다. 집 근처 슈퍼마켓에는 중국산 생강도 있고, 스페인산 마늘도 있었다. 닭죽을 끓이기 위해 필요한 것을 사고 정육점 코너로 갔다. 내 차례가 되자 나는 먼저 인사를 했다. 그리고 닭가슴살을 사고 싶다고 말했다.

그때 그곳에 그 빨간머리 앤 아주머니가 있었다. 아주머니는 드라마 〈섹스 앤 더 시티〉 주인공 캐리가 "유럽의 촌에 사는 아줌마가 할 법한 빨간머리"라고 혹평을 퍼부었던, 딱 그 색으로 염색한 짧은 머리를 하고 있었다. 45도 각도로 천장을 바라보던 아주머니는 잠시 후 말했다.

"무슨 말을 하는지 도통 알아들을 수가 없네."

순간 나는 당황했다. '내가 말을 잘못했나?' 마음을 가다듬고 인사를 하고 다시 한번 이야기했다.

"닭가슴살을 사고 싶은데요."

아주머니는 여전히 나를 쳐다보지 않은 채 여전히 천장만 바라보며 전보다 더 거칠게 말했다.

"정말 무슨 말인지 알 수가 없네."

그러고는 안쪽에서 일하고 있던 다른 동료에게 이렇게 소리치는 것이었다.

"너는 이 여자가 무슨 말을 하는지 알겠냐?"

그제야 나는 그 아주머니가 내 말을 못 알아들은 게 아니라, 내게 고기를 팔고 싶지 않은 것임을 깨달았다. 동양인과 안 좋은 추억이라도 있는 건지 아니면 그냥 외국인을 싫어하는 건지는 알 수 없었지만, 그 순간 나는 다른 생각을 할 마음의 여유가 없었다. 내

뒤에 서서 기다리는 사람들의 시선을 의식할 틈도 없었다. 아이가 아프니 그저 빨리 닭죽을 끓여야겠다는 생각뿐이었다. 작정하고 판매를 거부하는 아주머니 앞에서 내가 할 수 있는 일이라곤 딱 하나밖에 없어 보였다.

나는 닭가슴살이 수북이 쌓여 있는 곳으로 걸어가 집게손가락으로 가리키며 짧게 말했다. "이거요." 더는 다른 말을 할 수 없게 된 아주머니는 세 살짜리 아이도 눈치챌 수 있을 만큼 잔뜩 화가 난 표정으로 닭가슴살을 저울 위로 패대기쳤다. 그리고 좋은 저녁 시간 보내라는 내 인사도 받지 않고 고개를 획 돌렸다.

그 뒤로도 나는 고기를 사러 갈 때마다 빨간머리 앤 아주머니와 적잖이 마주쳤고, 그때마다 내가 할 수 있는 유일한 일이라곤 웃으면서 정중하게 인사를 하고, 아주머니가 알아듣든 못 알아듣든 상관없이 고기를 사고, 받아주든 안 받아주든 개의치 않고 '좋은 저녁 시간 보내시라' '좋은 하루 보내시라'라고 인사하는 것뿐이었다. 아주머니의 빨간색 짧은 머리 스타일은 4년 동안 단 한 번도 바뀌지 않았는데, 그 변하지 않는 헤어스타일만큼이나 나를 대하는 태도도 별반 달라지지 않았다. 다만 고맙게도 더는 '못 알아 듣겠다'고 말한다거나, 죄 없는 닭고기를 저울 위로 패대기치는 일은 없었다.

얼마 전이었다. 나는 늘 하던 대로 빨간머리 앤 아주머니에게 인사를 하고 "닭가슴살을 사고 싶은 대요"라고 말했다. 아주머니는 여전히 무뚝뚝한 표정으로 별말 없이 고기를 싸주었다. 그리고 나는 늘 하던 대로 "좋은 저녁 시간 보내세요" 인사를 하고 돌아섰다. 그때였다. 믿기 힘든 한마디가 들려왔다.

"당신도."

나는 뒤를 돌아 아주머니를 바라보았다. 아주머니는 시큰둥한 표정으로 내 쪽은 쳐다보지도 않은 채 다른 사람의 주문을 받고 있었다. 아직 추위가 가시지 않아 바람이 차가웠다. 걸음을 뗄 때마다 흔들거리는 봉지를 손목에 끼우고 손을 주머니에 넣었다. 차가운 바람에도 길가의 나무들이 새순을 틔운 채 서 있었다. 봄이 오기는 올 모양인가보다.

어디로 갔을까
저 나뭇잎들은

학교 옆 주차장에서 오랜만에 한나, 비올라와 마주쳤다. 이런저런 이야기를 주고받는데 아들이 갑자기 나뭇잎들을 주워 와 비올라의 차 지붕 위에 올려 놓았다. 운전석 쪽 문이 열려 있었는데, 차 바닥에 까치발로 서서 나뭇잎을 올려놓고는 또 내려가 나뭇잎을 모아 올리는 일을 반복하였다. "다니엘! 그러지 마. 다른 사람 차에 그렇게 하는 거 아니야." 이야기를 나누는 동안 한 번씩 아들에게 다가가 이야기를 했지만, 아들은 멈추지 않았다. 엄마의 지청구가 들리지 않는 듯 오로지 나뭇잎 쌓는 일에 온 신경을 모으고 있는 것 같았다.

우리 모자가 티격태격하는 모습을 본 비올라가 아들의 행동을 잠시 지켜보더니 말을 걸었다. "다니엘! 혹시 자동차가 달릴 때 나뭇잎이 떨어지는 모습을 보고 싶은 거니?" 생각지도 못한 질문이었다. 아이의 시선에서 사물을 바라보고 아이의 행동을 살피고 아이의 입장에서 다시 한번 생각해 말을 건네는 그녀의 모습에 나는 잠시 멍해졌다. 자신의 생각을 헤아려 읽어준 그 질문이 반가웠는지 아들이 수줍게 고개를 끄덕였다. "그래? 그럼 내가 좀 도와줄게." 비올라는 다니엘의 몸을 살짝 들어 올려주었고, 덕분에 아들은 나뭇잎들을 차 지붕 중앙에 잘 쌓을 수 있었다.

"이제 충분한 것 같은데, 그렇지? 다니엘! 나뭇잎들이 차가 달리는 방향으로 떨어질까, 아니면 반대 방향으로 떨어질까?"

"반대 방향요!"

"그래? 그럼 우리 한번 볼까? 엄마랑 저쪽, 주차장 앞에 가서 서 있으렴."

나와 아들, 한나와 딸 마리가 주차장 앞에 주욱 서자, 나뭇잎이 떨어질세라 천천히 차를 뺀 비올라가 창문을 열고 소리를 질렀다.

"다니엘! 준비됐니?"

"네!"

"출발!"

비올라의 빨간 차 위에 올려져 있던 초록색 나뭇잎들이 꽃잎처럼 흩날렸다.

"와!"

마리와 아들이 환호성을 질렀다. 오랜만에 햇볕 따듯한 오후였다.

선생님!
이건 있을 수 없는 일이에요

1

내가 들어가는 수업은 발도르프 학교에만 있는 '오이리트미'란 독특한 수업이다. 몸으로 사물과 인간의 감정 등을 표현하는 수업이라, 언뜻 보면 무용수업과 체육수업을 합친 듯한 느낌이 들기도 한다. 몸을 사용해야 하는 수업인 만큼 선생님이 학생들의 동작을 수정해줘야 할 때가 종종 있는데, 그럴 때면 늘 크루거 선생님은 학생들에게 다가가 먼저 물었다.

"Darf ich (dich) anfassen?"

직역을 하자면 "내가 (너를) 만져도 되겠니?"라는 뜻이다. 대개 학생의 손끝을 잡고 손의 방향을 더 위쪽으로 올리거나 수평이 되도록 잡아주는, 무용이나 체육 수업 시간이라면 응당 있을 수 있는 정도의 스킨십을 하는 데도 육십의 나이를 바라보는 여자 사람 선생님은 열두어 살 정도의 손자, 손녀 뻘의 학생들에게 정중하게 물었다. 괜찮겠냐고, 당신의 이런 행동을 허락하느냐고.

  나 아닌 다른 사람의 몸에 함부로 손을 대는 일은 상대방을 자신과 같은 동등한 인간으로 여기지 않는다는 의미라는 것, 그래서 누군가의 몸에 손을 대는 일은 몹시 신중해야 하고, 정중하게 상대에게 물어봐야 한다는 것, 그리고 그것은 둘의 관계가 사제지간이든, 둘의 나이 차이가 얼마든 상관없이 적용되어야 한다는 것, 아이들의 손짓과 선생님의 손짓, 그 조용한 동작 사이로 인간관계의 가장 기본을 보았다.

2

주로 크루거 선생님과 수업을 하지만 일주일에 두 시간은 슈미트 선생님과 수업을 한다. 수업하는 방식이나 방향이 크루거 선생님과는 좀 다른 분인데, 다른 걸 다 떠나서 수업할 때의 열정만큼은 늘 감탄하게 만드는 분이다. "백만 스물하나, 백만 스물둘!" 하고 외칠 것 같은 에너지 넘치는 분.

  이 수업이 무용수업과 비슷하다 보니 어린 학생들은 남자아이, 여자아이 할 것 없이 다들 이 수업을 좋아하고 즐기는데, 9학년쯤 되면 남학생들은 별로 하고 싶어 하지 않는다. 안 그래도 사춘기인 아이들이 오죽하겠는가. 그중에는 유독 장난이 심한 한 남학생이 있었다. 하루는 내가 보기에도 좀 심하다 싶게 수업시간에 딴청을 부렸다. 자신이 계획한 수업 진도는 무슨 일이 있어도 꼭 나가야 된다고 생각하는 슈미트 선생님은 웬만한 일에도 끄떡없이 수업을 계속 진행하는데, 그날은 선생님도 감정을 다스리기 힘들었던 것 같다. 그 학생을 꾸지람하다가 어깨를 손으로 조금 밀쳐버린 것이다. 꾸지람을 들으면서도 시종일관 헤헤 웃으며 장난스러운 표정을 짓던 그 친구는 갑자기 진지한 표정으로 선생님께 항의하기 시작했다.

"어떻게 선생님이 절 밀 수가 있어요? 있을 수 없는 일이에요!"

때린 것도 아니고, 살짝 어깨를 민 것뿐이었지만 아이는 진지하게 선생님께 항의했고, 그 아이뿐만 아니라 다른 학생들도 다 함께 항의하기 시작했다. 아이들의 입에서 나온 말은 하나같이 '이건 있을 수 없는 일'이니, 선생님이 그 학생에게 사과해야 한다는 것이었다. 아이들은 진지했고, 자신의 생각을 선생님 앞에서 당당하게, 예의는 지키되 주눅 들지 않고 이야기했다. 짐작건대 만약 똑같은 일이 크루거 선생님에게 생겼다면 선생님은 미안하다는 말을 한순간도 망설이지 않고 했을 것이다. 슈미트 선생님은 그런 면에서 크루거 선생님과는 조금 달랐다.

어쨌든 미안하다는 말을 직접적으로 하지는 않았지만, 선생님은 아이들 앞에서 자신의 행동이 조금 지나쳤다고 이야기했다. 사과는 없었지만, 그렇다고 슈미트 선생님의 입에서 "감히 너희들이 선생인 나한테 어떻게!"라는 식의 말도 나오지 않았다. 선생님은 겸연쩍은 표정으로 아이들의 비판을 겸허히 듣고 있었다.

그날의 광경은 내게 잊지 못할 기억으로 남았다. 모든 인간은 동등한 존재고 그 존중은 말로, 행동으로 표현되어야 한다는 것, 이 일에는 성별이나 나이, 상하관계 같은 게 끼어들어서는 안 된다는 것, 이 간단한 상식이 제대로 통용되지 않았던, 아직 통용되지 못하고 있는 세상 곳곳에서의 일들이 답답한 저녁이다.

부활절 달걀과
연꽃들

1

부활절° 전날 한나가 전화를 했다.

"만년필 샀니? 안 샀으면 우리 집에 하나 더 있는 거 다니엘 주고 싶은데."

부활절 방학이 끝나면 만년필로 글 쓰는 연습을 시작한다고 가정 통신문이 날아왔길래 안 그래도 사러 가야겠다 싶던 참이었다.

"아직 안 샀어."

"잘됐네. 사지 마. 오후에 시어머니 마중 나가야 하는데 그때 내가 너희 집에 잠깐 들를까? 아님 네가 올래?"

○ 부활절 시기는 매년 달라진다. 교회력이 음력을 따르고 있어서 매년 다를 수밖에 없다. 보통 부활절이 시작하기 직전부터 부활절이 끝난 후 며칠 지나서까지 아이들은 부활절 방학을 보낸다. 독일의 각 주마다 시기와 기간은 조금씩 다르다.

"내가 갈게."

한나네 집 식탁에 앉아 이런저런 이야기를 나누다 보니 한 시간 반이 획 지나갔다.

"시어머니 오신다며? 나도 이제 가서 점심 해야겠네."

내가 자리에서 일어나려 하자 한나는 내게 잠깐 기다리라고 했다. 그러고는 거실로 가더니 손에 무언가 잔뜩 들고 내게로 왔다.

"이거는 우리 마리랑 노아가 다니엘 주려고 그린 거."

한나가 내게 내민 건 부활절 달걀이었다. 나도 어릴 때 부활절이면 성당에서 삶은 달걀에 그림을 그리곤 했었는데, 독일에서는 아이들이 엄마와 함께 집에서 그림을 그리나 보다. 열 개나 되는 달걀 위에 알록달록 예쁜 그림들이 그려져 있었다.

"그리고 이건 부활절 초콜릿 달걀."

독일에서는 부활절 전날 엄마들이 달걀 모양의 초콜릿ºº을 집 거실이나 정원 곳곳에 숨겨두고, 아이들은 부활절 아침에 일어나 집 구석구석에 숨겨진 초콜릿 달걀들을 찾아 나선다. 옛날, 아주 먼 옛날, 토끼 한 마리가 부활절에 달걀을 들고 숲속을 걸어가다 그만 몇 개 떨어뜨리고 말았다는 이야기에서 시작된 이 놀이는 아이들이 토끼의 존재를 눈치챌 만큼 자란 뒤에도 한동안 계속된다.

ºº 부활절 초콜릿은 종류가 다양하다. 달걀 모양, 토끼 모양, 닭 모양 등 가지각색이다.

"그치, 내가 부활절 토끼한테 전화했거든. 다니엘 집에 좀 떨어뜨려 놓으라고. 그런데 알고 봤더니 비올라도 전화하고, 야나도 전화를 했더라구."

한나가 장난기 어린 표정으로 말했다.

"우리가 아플 때 네가 수프 끓여줬잖아. 그거 먹고 우리 딸도, 비올라네 로타도, 야나도 다 기운 차렸거든. 고마워. 별것 아니지만 다니엘에게 전해줄래?"

친구들이 아플 때 어쩌다 한 번씩 수프를 끓여서 갖다주었다. 그런데 특별할 것 없는 그 멀건 수프가 예쁜 달걀 열 개와 부활절 초콜릿 상자로 되돌아왔다. 나도 모르게 눈물이 났다. "으이구!" 한나가 내 등을 토닥토닥 두드려주었다. 한나와 비올라, 야나의 전화를 받은 토끼는 그날 참말로 정신없이 바빴을 것이다.

2

토요일. 부활절 방학이 끝나기 전에 다들 얼굴 한번 보자며 한나네 집에 모였다. 오후 3시쯤 모여 커피와 케이크를 먹으며 수다를 떨기로 하였다. 케이크를 먹은 아이들이 부리나케 위층 마리의 방으로 올라갔다. 아이들이 올라가고 나서야 어른들은 식탁에 앉아 커피를 마시고 케이크를 먹으며 이야기를 나누었다.

올겨울은 유난히 길고, 작년보다 더 우중충한 데다 다들 많이 아파서 지쳐 있었다. 비올라의 둘째 딸 요한나가 독감으로 고열이

나 응급실에 실려 가기도 했고, 야나도 아파서 2주나 회사에 가지 못했다. 언제쯤 날이 따뜻해지려나, 날씨 이야기에 얼마 전부터 자신의 일을 시작한 비올라의 이야기, 이사를 가려고 집을 보러 다니는 야나의 이야기가 보태어졌다. 한참을 이야기하고 있는데 위층에서 놀고 있던 로타가 내려와 식탁 위에서 무언가를 찾았다.

"로타! 뭘 찾고 있니?"

"작은 돌이요. 이만한 크기의 돌인데요. 색깔은 갈색이에요. 여기 위에 올려놓았는데 안 보여요."

그 이야기를 듣고 다들 일제히 식탁 위와 접시 밑을 살폈지만 돌멩이는 보이지 않았다. 로타의 커다란 눈에 눈물이 그렁그렁 맺혔다.

"내가 정말로 좋아하는 돌인데…."

아이의 말이 끝나기가 무섭게 여섯 명의 어른들이 누구라고 할 것 없이 무릎을 굽힌 채 식탁 밑에 들어가거나 식탁 옆, 부엌 바닥을 뒤졌다. 어른들의 큰 등짝이 한나네 부엌 바닥에 연꽃처럼 둥둥 떠다녔다.

몇 분간의 수색 작전에도 돌멩이가 모습을 드러내지 않자 로타는 거실 의자에 앉아 아무 말 없이 계속 눈물을 흘렸다. 나는 로타에게 다가가 말을 걸었다.

"아줌마가 하나는 확실하게 알고 있는데…. 아줌마가 알고 있는 거 말해줄까?"

아이는 눈물을 뚝뚝 흘리면서도 고개를 끄덕였다.

"아줌마 생각에는, 그 돌 아무도 안 먹었어. 아무도 안 먹었으니까 어딘가에 있긴 있겠지. 그렇지?"

돌멩이의 행방을 찾는 데 도움이 될 만한 단서라도 말해주지 않을까 잔뜩 기대하고 있던 아이는 내 말이 어이가 없었는지 '풉' 하고 웃음을 터뜨렸다. "여기 있네!" 마리의 아빠 베른트가 로타의 인형 엉덩이 밑에 깔려 있던 돌멩이를 찾았다. 돌멩이를 손에 쥔 로타는 다시 웃었다. 그리고 폴카 춤을 추듯 나풀거리는 걸음으로 다시 친구들에게로 갔다.

"근데 우리가 아까 무슨 이야기를 하고 있었지?" 다시 식탁에 앉은 어른들이 너나 할 것 없이 '푸하하' 웃었다. 아직 환한 하늘이 부엌 창문 커튼 위에 걸려 있는 토요일 오후, 부엌 바닥을 둥둥 떠다니던 연꽃들이 웃음을 터뜨렸다. 봄을 건너뛰고 여름이 오려는 건지도 모르겠다.

처음 간
캠핑

"작년 연말 모임 때 만났던 멤버들 말이야, 그 친구들이랑 캠핑 가려고 하는데 같이 갈래?"

한나가 캠핑 이야기를 꺼낸 건 2주 전이었다.

"6월 8일이 휴일이고 금요일도 쉬는 날이거든. 그러니까 4일 연달아 휴일인 거지. 그때 가려고."

"비비아나, 코니, 율리아 그 친구들도 다 오는 거야?"

"응."

크리스마스 즈음해서 독일은 우리나라 명절처럼 민족 대이동이 이루어지는데, 작년 연말에 갈 곳이 딱히 없어 집에만 붙어 있던 우리를 불러내 그 '연말 모임'에 데려간 건 한나였다. 같은 도시에 살면서도 사는 게 바빠 자주 얼굴을 보지 못하는 한나와 그녀의 친구들이 최소한 1년에 두 번은 얼굴을 보자며 만든 것이 바로 캠핑과 연말 파티였다. 한나 옆집에 사는 비비아나네 말고는 다 처음 만나는 자리였는데도 모두 친절하고 사려 깊었고, 조심스럽지만 친절하게 우리에게 말을 건넸다.

"한나가 저번에는 네덜란드 친구를 데려오더니 이번에는 한국 친구를 데리고 왔네."

그렇게 작년 연말 마지막 밤을 처음 만난 사람들과 수다를 떨고 불꽃놀이를 하고, 새해 복 많이 받으라며 서로 포옹한 기억이 아직 따듯하게 남아 있던 터라 한나의 이야기가 무척 반가웠다. 하지만 반갑고 고마운 이야기를 들으면서도 마냥 좋아할 수 만은 없었다. 우리에겐 캠핑에 필요한 장비가 하나도 없을 뿐만 아니라 그것들을 장만할 금전적 여유도 없었기 때문이다.

"근데 있지…. 우리가 텐트, 침낭, 그런 게 하나도 없어."

"뭐 그런 걸 걱정하고 그래. 비비아나가 여분으로 침낭 몇 개 더 가지고 있을 테고, 내 기억엔 코니도 텐트를 하나 더 가지고 있었던 것 같아. 내가 한번 물어볼게."

그렇게 이 친구에게선 텐트를, 저 친구에게선 침낭을 빌려 떠나게 된 캠핑이었다. 등산이라고는 결혼 전 지리산에 다녀온 게 마지막이었는데, 이제 초등학생이 된 아이와 처음으로 숲에서 텐트를 치고 잘 생각을 하니 묘한 기분이 들었다. 둘이 아니고 셋, 게다가 다른 일곱 가족과 함께라니. 캠핑이 뭔지도 모르고 아직 해본 적도 없는 아들은 심드렁하기만 했다. 레고도 없고 좋아하는 우주선 책도 집에 두고 가자고 하니 당최 재미있을 것 같지가 않은 거다.

"엄마! 나 하룻밤만 잘 거야."

"그래? 정말? 근데 다니엘! 가보면 생각이 달라질 거야. 무지 재미있을 텐데…. 마리랑 노아랑 같이 물놀이도 하고 모닥불도 피우고."

"엄마! 가보고. 그러고 나서 생각 더 해볼래."

"뭐, 그래도 돼."

트리어에서 차로 30분 정도 달려 도착한 캠핑 장소는 옆에 작은 강이 흐르는 조용한 곳이었다. 우리 집과 비비아나 가족을 제외하고는 한 집에 애가 두셋인데다 총 여덟 가족. 들판은 어느새 아이들의 웃음소리와 울음소리로 가득 찼다. 장난감이 없어 심심하지 않을까 걱정하던 아들이 언제 그랬냐는 듯 나뭇가지, 돌멩이, 강물을 장난감 삼아 놀기 시작한다. 하긴 떨어져 있는 나뭇가지들의 모양새도 다 다르고, 서 있는 나무들, 작고 큰 돌들도 저마다의 독특한 모양새를 하고 있는 이 들판에서 재미없는 일을 찾아내는 게 더 어려울지도 모른다.

이제 한 살이 된 갓난아기부터 열 살 소년까지 다양한 연령의 아이들이 섞여 있는데, 아들은 제 또래 친구들은 쳐다보지도 않고 하필 저보다 서너 살 많은 형아들의 뒤를 졸졸 따라다녔다. 그러더니 물고기를 잡으려고 물속을 뚫어지게 보고 있던 형들 옆에 서 있다가 형들의 속을 기어이 벅벅 긁어 놓는다.

"다니엘, 넌 아직 어려서 여기 들어오면 안 돼. 저쪽 바위 위에 가만히 앉아 있어."

"나 베이비 아니야, 여기 이렇게 앉아 있으면 하나도 안 위험해!"

형들의 구박에도 아랑곳하지 않고 옆에 앉아 물고기 잡는 걸 끝까지 구경하더니, 어른들과 모닥불을 피우는 형들 옆에 서서 나뭇가지를 들고 괜히 한번 들쑤셨다가 막 피어오르던 불씨를 확 꺼트리기도 하고, 커다란 개를 무서워하면서도 아밀리에네 개 '오비스' 옆에 슬쩍 다가가기를 시도해보기도 한다.

그렇게 보낸 하루가 재미있었는지 아들은 하루 더 있겠다며 집에서는 엄마가 절대 허락하지 않는 초콜릿 크림이 잔뜩 발린 빵을 아침으로 먹고, 이 친구 저 친구가 주는 젤리도 입안에 가득 넣은 채 오물오물하면서 뛰어다닌다. 보트를 타고 노 젓기도 배우고 꼬불꼬불 산길을 오후 내내 걸어 산을 오르고 물가에서 바지가 흠뻑 젖도록 논다.

집에 돌아오기 전날 밤, 아들은 이렇게 이야기했다.

"엄마! 아빠는 어제부터 오비스랑 친구가 되었대. 근데 나는 오늘부터 오비스랑 친구가 되었어. 이제 오비스는 나 알아. 가면 막 이렇게 꼬리를 흔들어!"

큰 개만 보면 무서워 도망가던 아들이 한 번, 두 번 그렇게 한 발짝, 한 발짝 오비스 옆으로 다가가 앉더니, 반가워 펄쩍 뛰며 제 손등을 핥는 그 큰 개의 '알아봄'을 더 이상 무서워하지 않고 받아들이게 되었고, 그 '알아봄'에 대한 대답으로 오비스의 머리와 등을 쓸어주고, 이제 친구가 되었다고 말하였다.

차갑고 딱딱한 바닥에서 이틀을 잤더니 등이 욱신거리고 온몸이 두들겨 맞은 듯 아프지만, 뭐 어떠한가. 아들과 오비스가 친구가 되었다지 않는가. 도망치지 않고 다가가는 법과 마음속 두려움을 떨쳐내는 법 제1장을 배운 아이, 잊고 있었던 제1장을 나도 다시 들춰보게 된다. 그리고 조용히 즐거운 비명을 지른다.

"당최, 외로울 틈을 안 주네, 틈을 안 줘!"

말 없는 시선,
그 강렬한 메시지

1

처음 독일에 와 살았던 곳은 여러 번 말했듯 카를스루에라는 도시다. 트리어로 오기 전에 2년 정도를 그곳에서 지냈다. 트리어가 2,000년 된 오래된 도시인 데 반해 이 도시는 이제 겨우 200년쯤 된, 말하자면 독일의 신도시였다. 우리가 살던 지역은 동양인이 거의 없는, 주로 독일인이나 다른 유럽인들이 많이 살던 곳이었다.

이사 온 지 얼마 되지 않아 집 근처 마트에 갔을 때 일이다. 야채 코너에서 장을 보고 있는데 낯선 여자가 다가와 말을 걸었다.

"안녕하세요? 독일 온 지 얼마 안 되셨나 봐요. 어느 나라에서 왔어요?"

동네 사람들 대부분이 친절했고, 유모차를 밀며 산책을 할 때면 사람들이 다가와 늘 저렇게 말을 걸어오기 마련이어서 나는 별다른 의심 없이 긴장도 하지 않은 채 그 여자에게 대답했다.

"안녕하세요? 저는 한국에서 왔어요."

그때 나는 아직 독일어 공부를 시작하기 전이어서 짧은 서바이벌 영어로 버티고 있었다. 장을 보거나 사람들을 만날 때면 한국에서 가져온 작은 독일어 사전을 들고 다녔는데, 그걸 봤는지 여자는 내게 영어로 말을 걸었다. 친절한 웃음을 얼굴에 장착한 그녀는 내가 어떤 연유로 독일에 오게 되었는지 물었고, 남편의 유학 문제로 오게 되었다는 내 대답을 듣더니 "그럼 여기 한동안 계시겠네요" 하며 이런저런 이야기를 이끌어 나갔다.

날씨부터 서로 다른 두 나라의 음식까지 여러 주제로 꽤 오래 이야기를 나누었는데, 갑자기 그녀는 남편이 무슨 공부를 할 예정인지 물었다. 미디어아트를 공부할 예정이라고 하자 미디어아트라는 말을 처음 들어봤다고 하는 것이다. 짧은 영어로 내가 할 수 있는 한 최선을 다해 설명해보았지만, 내 말을 잘 이해하지 못하는 것 같았다. 극단의 표현이 필요하겠다는 생각이 들었다.

"뭐, 컴퓨터 관련된 일이라고 생각하시면 돼요."

내 대답을 듣던 그는 갑자기 얼굴에 화사한 미소를 지은 채 이렇게 말했다.

"동양인들이 그런 쪽 일을 잘하긴 하죠. 깜둥이들보다는 조금 더 똑똑한 것 같더라고요."

자기가 하고 싶은 말은 다 끝났다는 듯, 싸움에서 승리한 전사처럼 빛나는 얼굴로 그 여자는 쇼핑카트를 끌고는 유유히 사라졌다.

2

레오니는 내 아들보다 조금 어린 아들이 있었다. 비슷한 또래의 아이를 가진 나와 그녀는 유모차를 끌고 길에서 몇 번 마주쳐 인사를 하고 이야기를 나누다 친구가 되었다. 레오니는 간호사로 일하다 아이를 낳았고, 지금은 잠깐 일을 쉬고 있다고 했다. 우리는 종종 놀이터에서 만나 이야기를 나누었고, 내 아들과 그녀의 아들은 모래 위에서 놀았다. 레오니는 말도 조용히 하고 웃을 때도 크게 웃기보다는 살짝 미소를 짓는 친구였다. 그런데 딱 한 번, 이 친구가 화가 난 표정으로 무뚝뚝하게 이야기하는 걸 본 적이 있다.

우리가 여느 때처럼 놀이터에서 만나 이야기를 하고 있을 때였다. 맞은편에 앉은 한 여자가 나를 뚫어지게 쳐다보고 있었다. 조금 떨어진 거리였지만, 그 여자의 시선은 그 어떤 말보다 더 강한 메시지를 품고 있었다. 가족도 친구도 아닌 낯선 사람을 뚫어지게 쳐다본다는 것 자체가 이미 강렬한 메시지였다.

'너는 우리에게 익숙하지 않은 존재다. 너는 우리와 다르다. 너는 이곳에서 이질적인 존재다. 너는 이방인이다.'

그렇게 한참을 뚫어지게 바라보던 여자는 곧이어 우리 쪽으로 다가왔다. 호기심을 굳이 숨기지 않은 정직한 얼굴로 레오니와 내게 말을 걸었다. 그 여자의 말투는 무척 발랄했고 얼굴 가득 웃고 있었지만, 이야기를 나눌 때 이상하게 마음이 편하지 않았다. 레오니는 아주 무뚝뚝한 표정으로 그 여자의 질문에 대답을 했고, 그 대답도 매우 짧았다. 여자는 이내 재미가 없어졌는지 다시 자기 자리로 돌아갔다. 그 여자가 돌아가고 난 뒤 레오니는 내게 작은 소리로 말했다.

"저렇게 무례하게 말을 막 하는 사람을 별로 좋아하지 않아."

그러고는 내게 씨익 웃어 보였다. 독일에 온 지 1년쯤 되던 해에 한국에 들어가서 처리할 일이 있었다. 남편은 독일에서 계속 작업을 해야 해서 나 혼자 아들을 데려가기로 했다. 떠나기 전날 레오니 집에 들러 이런저런 이야기를 했는데 레오니가 내게 물었다.

"정호가 요리할 줄 알아?"

"음… 라면 끓이는 건 하지. 다행히 빵을 잘 먹어서 크게 걱정은 안 해."

내 말을 듣고 잠깐 무언가를 생각하던 레오니가 내게 말했다.

"그럼 정호 우리 집에 와서 가끔 밥 먹으라고 해야겠네…"

말만으로도 충분히 고마운 일이었다. 이제 막 걸음마를 시작한 아이를 둔 엄마가 하루 종일 얼마나 정신이 없을지는 짐작하고도 남을 일이었으니까. 한 달 뒤쯤 독일로 돌아와 남편에게 그동안 밥은 제대로 챙겨 먹었냐고 물었는데, 돌아온 남편의 대답은 너무 놀라웠다. 일주일에 한 번, 매주 토요일 점심때마다 레오니 부부는 남편을 불러 같이 점심을 먹었다. 주말이라면 가족만의 시간을 가지고 싶을 법도 한데, 기꺼이 남편을 초대한 것이다. 그리고 가끔 우리 집 문 앞에 직접 구운 빵을 바구니에 담아 두고 갔다고도 했다.

안타깝게도 레오니와 같이 지낸 시간은 그리 길지 않았다. 우리가 트리어로 이사를 하기 전에, 레오니네 가족이 남편의 직장 문제로 먼저 카를스루에를 떠나야 했기 때문이다.

헤어지기 며칠 전 레오니가 찾아왔다. 보통 전화로 먼저 시간이 있냐고 묻던 친구였는데, 그날은 전화도 없이 그냥 찾아온 것이다.

"너 시간 되면 같이 산책이나 갈까 하고."

우리는 같이 유모차를 끌고 동네를 걸었다. 그때까지만 해도 내가 잘 모르던 동네 사이사이 길을 레오니가 보여주었다.

"Vermisst du deine Mutter?"

나는 레오니의 말을 알아듣지 못했다.

"잠깐만."

손에 들고 있던 독일어 사전을 뒤적였다. 발음으로 대략 철자를 짐작해 찾았다. 거기엔 '그리워하다'라는 말이 적혀 있었다. 나는 고개를 끄덕이며 말했다.

"응. 많이, 많이. 실은 오늘도 엄마가 보고 싶었는데, 네가 같이 산책 가자고 해서 좋았어. 같이 걷는 동안 마음이 안정되었어, 고마워!"

내 말을 듣던 레오니가 예의 그 잔잔한 미소를 지으며 말했다.

"그래? 다행이네. 네가 그렇다니까 나도 기뻐."

보기 드물게 화창한 오후였다. 좁은 길이었지만, 나무들이 많이 서 있었다. 레오니가 하늘을 다 가릴 듯 빽빽하게 늘어선 나무들을 바라보며 말했다.

"저기 나뭇잎 좀 봐. 햇살이 비치는 곳마다 색깔이 다 달라. 똑같은 녹색이 아니야. 이쁘다. 그렇지?"

"응, 하나하나 다 멋진 색이네."

햇살이 눈부신 날이면 레오니와 함께 보았던 색색의 나뭇잎들이 떠오른다. 다 같은 듯 다르지만 그러면서도 잘 어우러진 그 멋진 존재들 말이다. 잊을 수 없는 오후였다.

3일간의
청소

1

딱 3일, 남의 집 청소를 한 적이 있었다. 남편이 공부를 하고 있을 때였는데 돈이 똑 떨어진 거다. 유로가 미친 듯이 하늘 위로 치솟던 때여서 얼마 되지 않던 돈은 바로 바닥을 드러냈다. 어떻게든 상황을 수습하고 싶었던 나는 한나를 찾아갔다.

"혹시 주위에 가사 도우미 구하는 사람 있으면 좀 소개시켜줘."
한나는 잠시 아무 말 없이 나를 바라보았다.
"너 한국에 있을 때 비슷한 일 해본 적도 없잖아?"
"응. 그런데 난 지금 독일에 있고, 당장 일이 필요하거든…."
며칠이 지난 뒤 한나에게서 전화가 왔다.
"혹시 코니 집 청소해볼래?"
코니가 독일에 온 지 10주년이 되고, 남편 토비아스가 50번째 생일을 맞는 해를 기념해 집에서 큰 파티를 연다는 것이었다. 코니의 집은 단독 주택인데 지하 1층에 지상 2층, 거기다 정원도 엄청 넓었다. 늘 해외로 출장을 다녀야 하는 그녀는 집안일을 할 시간이 부족했는데, 큰 파티를 열기 전에 한 번은 집 청소를 제대로 할 필요가 있다고 생각한 것이다.

친구한테 어떻게 그런 걸 부탁하냐는 코니에게 한나는 이렇게 말했다. "안겔라가 다른 집에 가서 그 일을 하면 엄청 고생하게 될 거야. 나도 독일 사람이지만 깐깐한 사람이 얼마나 많니. 일 끝나면 손끝으로 가구며 바닥이며 다 만져보면서 제대로 닦았는지 확인해보는 사람도 있을 텐데, 그런 집에 가서 고생하느니 너희 집 청소하는 게 훨씬 낫지. 안 그래?"

그렇게 나는 코니의 집을 청소하게 되었다. 코니가 가족과 함께 네덜란드로 부모님을 뵈러 간 사이에 청소를 하기로 했다.

"내가 코니 집 정원에 물 주기로 했거든. 내 차 타고 애들 데리고 같이 가자."

나와 아들은 한나의 딸 마리와 함께 한나가 운전하는 차를 타고 코니의 집으로 향했다. 나는 우선 부엌으로 들어갔다. 찬장 위를 먼저 닦아내야 할 것 같아서 의자를 가져와 올라가려는데, 한나가 정원으로 가지 않고 부엌으로 와 싱크대 위를 닦기 시작했다.

"여긴 내가 할 거야. 넌 정원에 가서 물 뿌려야지."

"정원은 애들이 알아서 하고 있네. 나 심심하니까 여기서 너랑 같이 좀 정리할게. 그리고 있잖아, 너도 알다시피 코니는 원래 청소를 잘 안 하거든. 그러니까 네가 대충대충 닦아도 '와!' 하고 좋아할 거야."

한나의 장난스러운 이야기에 풋 하고 웃음이 나왔다.

"이건 내 일이니까 내가 알아서 할게. 별도 좋은 데 정원에 가서 좀 앉아 있든지 해. 여기 있지 말고!"

하지만 한나는 꿈쩍도 하지 않았다. 내 옆에서 사부작사부작 그릇을 정리하고 부엌 용품을 닦았다.

"심심해서 그래."

5분, 10분, 30분이 지나도 계속 내 옆에서 같이 일하는 한나가 불편해지기 시작했다. 미안함을 넘어선 감정이었다.

"너 자꾸 그러면 난 코니한테 받는 돈을 반으로 나눠서 너한테 줄 거야."

이것만큼 강력한 협박은 없을 거라고 생각한 나는 단호한 목소리로 한나에게 말했다. 하지만 한나는 이런 내 말에도 눈 하나 깜짝하지 않았다.

"아, 뭐 돈은 됐고 한국 음식 한번 해줘. 비빔밥, 비빔밥 해줘!"

장난기 가득한 얼굴로 한나가 내게 말했다. 별다른 말은 없었지만 나는 한나가 무엇을 걱정하는지 알 수 있었다. 내가 부엌을 닦고 정리하는 동안 한나는 수학여행을 온 여학생처럼 내 옆에서 종알거렸다.

"세상에…. 이 먼지 좀 봐. 코니가 집안일에 관심이 없는 줄은 알고 있었지만, 이건 좀 심한걸." "아이구, 이 먼지! 아, 나는 아이들 성적표 쓸 때보다 청소할 때가 더 좋아. 깨끗해지는 거 보면 속이 다 후련하다니까."

2

나도 한나도 청소를 하는 일이나 피아노를 치는 일이나 세상의 모든 일은 다 소중하고, 서로 우위를 논할 수 없다는 걸 잘 알고 있었다. 다만 내가 한국에서 무슨 일을 하다 왔는지 잘 아는 한나는 내가 한국에서 하던 일을 독일에 와서 계속할 수 없게 된 걸 안타까워했다. 가사 도우미가 필요한 사람을 소개시켜 달라는 부탁을 했을 때도 한나는 내게 이렇게 말했다.

"내가 아는 폴란드에서 온 지인도 여기 와서 완전 다른 일을 하더라고…. 그거 참 유감이다 싶어. 너도 그렇고…."

아마도 한나는 내가 외국인으로서, 이방인으로서 느낄지도 모르는 복잡다단한 감정들을 위로하고 싶었는지도 모른다.

벌써 오래전 일이지만, 나는 아직도 부엌에서 내 일을 도우며 소녀처럼 조잘거리던 한나의 모습을 잊을 수가 없다. 그녀는 이방인에 대한 따가운 시선이 시도 때도 없이 내리꽂히는 이 도시에서 내가 받은, 말로는 표현이 다 안 되는 따듯한 위로이자 배려 그 자체였다.

3

코니는 내게 일한 시간을 적어달라고 했다. 분 단위까지 정확하게 적어달라는 그녀에게 나는 정말로 8시간 30분이라고 적어주었다. 코니는 내게 9시간으로 일당을 계산해주었고 고맙다면서 유기농 화장품 세트까지 선물로 주었다. 그리고 내게 자기 딸이 다니는 발도르프 학교에서 피아노 반주자를 구하는데 오디션을 볼 생각이 없냐고 물어왔다. 코니와 토비아스의 생일파티 때 비비아나와 내가 피리를 불고 피아노를 치면서 음악을 선물한 적이 있는데, 그때 내 모습을 본 코니가 이야기를 꺼낸 것이다.

"아, 근데 내가 음대를 나오지 않았어."

"그런 건 상관없어. 가서 이력서 내고 오디션 보면 돼."

하루가 멀다 하고 해외로 출장을 다니는 코니가 딱 하루 쉬는 수요일, 발도르프 학교에 가본 적이 없는 나를 위해 그녀는 자기 차에 나를 태워 데려다주었다. 그리고 오이리트미 수업 학과장인 크루거 선생님께 나를 소개시켜주었다. 그렇게 나는 발도르프 학교에서 일하게 되었다. 오디션에 붙어서 일을 하게 되었다는 소식을 듣고 코니와 한나, 비올라가 얼마나 좋아했는지 아직도 기억에 생생하다.

"다 너희 덕분이야. 코니가 내게 오디션 정보를 알려줬어. 그렇지 않았다면 난 그런 기회에 도전해보지도 못했을 거야."

내가 이렇게 말하자 한나가 말했다.

"무슨 소리! 그런 자리가 있을 때마다 알려주는 건 당연하지 않겠어? 네가 하던 일을 계속하게 되어서 너무 좋은 거 있지."

친구가 된 이후 한나도 코니도 내게 "너는 독일보다 못 사는 나라에서 왔으니 외국에 와서 무슨 일이든 해야 하는 것 아니야?"라는 말은 절대 한 적이 없다.

난민에 관한 자신의 생각을 이야기한 배우 정우성 씨는 자신의 글에 달린 댓글들을 두세 번 읽었다는데, 정작 나는 한 번을 읽기가 힘들었다. 죽음을 피해 언어도 문화도 풍경도, 모든 것이 낯선 곳에 도착한 그들에게 쏟아지는 많은 말이 읽기만 해도 고통스럽게 다가왔다. 그게 남의 일 같지 않아서였다.

인간이 인간에게 하는 배려와 존중이 어떠해야 하는지 사실 나도 아직은 잘 모른다. 다만 내 옆에서 조잘대며 같이 부엌을 정리하고 닦던 한나의 모습과 내가 학교에서 일하게 되었을 때 환호성을 지르며 나보다 더 좋아하고 폴짝폴짝 뛰던 이곳 친구들의 모습이 지금도 그 댓글들 속에서 겹쳐 떠오르기만 한다.

일곱 소녀와 한 소년,
서로에게 스며드는 법

"코니 집에서 바비큐 파티 할 건데 같이 갈래?" 한나의 전화였다.

네덜란드인인 코니는 독일인 남편을 만나 이곳에 둥지를 틀었다. 남편 말고는 아는 사람이 한 명도 없었던 코니는 동네 슈퍼마켓 벽에 '네덜란드에서 왔고요, 딸 아이가 하나 있어요. 친구하실 분은 연락주세요'라고 쪽지 한 장을 붙였두었다고 한다. 도움이 필요한 사람을 보면 그냥 지나치지 못하는 한나가 전화를 했고, 둘은 그렇게 친구가 되었다.

코니의 집은 우리 동네에서 좀 떨어진 곳에 있는데, 그 집 뒷마당은 인위적으로 깎거나 치장하지 않아 작은 숲 같은 느낌이다. 그래서 편안하면서도 아름다웠다. 우리가 도착했을 땐 이미 한나의 가족 말고 또 다른 가족이 와 있었는데, 하필 그 집에는 남자아이가 없이 여자아이만 넷이 있었다. 코니네 딸 둘, 한나네 딸 하나, 아들 하나, 그리고 새로 알게 된 니콜네 딸 넷. 다니엘 말고 유일하게 한 명 더 있는 열 살짜리 남자아이 노아는 여섯 살짜리 다니엘을 거들떠보지도 않고 혼자 놀았다.

큰 나무만 보면 꼭 올라가 본다는 노아가 코니네 집 마당에 우뚝 서 있는 나무를 보더니 물 만난 물고기처럼 그 위에 올라가 내려올 생각을 않는다. 졸지에 일곱 소녀들에게 둘러싸인 다니엘은, 누구 말마따나 하이틴이었다면 쾌재를 부를 수도 있는 상황이었겠지만, 또래 여자아이들에게 둘러싸인 작금의 상황이 그리 달갑지만은 않은 듯했다.

다수의 우위를 점한 여자아이들이 "다니엘라, 파니엘라, 마니엘라"라고 부르며 곧바로 아들을 놀려대기 시작한다. 이름 끝에 '-아'가 붙으면 여자라는 의미다. 동서고금을 막론하고 이름을 가지고 놀려 먹는 건 가장 손쉽게 상대를 약 올릴 수 있는 간편한 레퍼토리 아니던가. 같은 반 친구인 마리가 다른 여자아이들과 같이 아들을 놀려댄다. 처음 본 여자아이들을 상대하기도 벅찬데, 믿었던 친구마저 그러니 힘이 들었던 모양이다. 약이 바짝 오른 아들이 큰 소리로 그만하라며 나름 방어를 해보지만 역부족이다. 하지만 고기를 굽기 위해 불을 지피고 다들 배고픔을 느낄 무렵이 되자, 물과 기름처럼 섞이지 않고 따로 놀던 아이들이 조금씩 서로에게 스며들기 시작한다.

두 아이가 손을 잡고 터널을 만들고, 그 사이를 다른 아이들이 줄지어 지나가면, 노래가 끝남과 동시에 한 아이를 잡는 놀이. 어릴 때 나도 해보았던 그 놀이를 여자아이들이 시작하자 나무에 올라가 마당을 관찰하던 노아도 지상으로 내려오고, 한 발짝 떨어져서 그것을 지켜만 보던 아들도 어느새 그 행렬에 낀다. '다니엘라'라고 놀리던 아이들이 '다니엘' 하고 아들의 이름을 제대로 불러주고, 언제 그랬냐는 듯 서로 뒹굴고 부대끼며 놀기 시작한다.

"이제야 좀 제대로들 노네."

여자아이들만 잔뜩 있는 곳에서 행여 다니엘이 심심해하지 않을까 걱정하던 한나가 한시름 놓으며 말한다.

솔직히 초반만 해도 아들이 처음 본 여자아이들과 잘 어울리지 못하는 것 같아 괜히 왔나 싶은 생각이 들었다. 그런데 사람과 사람 사이에 문제가 보일 때 성급하게 열쇠를 찾거나 포기하는 것은 역시 어른들 세계에서나 있는 일이었다. 서로를 잘 알지 못해 갈등이 생기고 문제가 생겨도 아이들은 물 흐르듯 서로에게 스며드는 법을 이렇게 자연스럽게 찾아내지 않는가. 억지스럽고 과장된 화해의 제스처를 취하지 않더라도 말이다.

식사가 끝나갈 무렵 저쪽에서 코니의 네 살짜리 딸 조이가 제 몸의 3분의 2는 될 듯한 커다란 비닐봉지를 끌고 온다. 볼이 터질 것처럼 커다란 사탕을 입에 물고 있던 조이를 본 노아가 "어? 너만 먹냐? 어디서 가져온 거야?" 하고 물었더니, 노아를 너무나 사랑하는 조이가 미안한 마음에 부엌으로 달려가 사탕이 잔뜩 들어 있는 봉지를 통째로 들고 온 거다. 종일 노아 뒤만 졸졸 따라다니며 주위를 맴돌던 조이는 노아에게 제일 먼저 사탕 하나를 건네주고는 "나도, 나도!"를 외치는 다른 아이들에게도 사탕을 나눠준다.
"아줌마 하나 먹어도 돼?"
조이가 준 사탕 하나를 입에 물고 의자에 등을 기댄다. 사탕이 달다. 친구들과 함께 있는 이 시간도 달다. 기분 좋은 저녁, 선선한 바람 만큼이나 마음도 시원해지는 밤이다.

어떤 생일

1

2012년 5월. 아들은 같은 반 친구 마리의 집 화장실을 보고 적잖이 감동을 받았다. 나 역시 몇 번을 놀러 갔지만 화장실에 가본 건 처음이었는데, 집주인을 닮아서인지 작고 소박하지만 무척이나 깨끗하고, 단아하다는 느낌마저 들었다. 특별할 것 없는 하얀 타일에 별다른 장식품 하나 없이 손으로 직접 깎은 작은 나무인형 몇 개가 전부인 작은 공간. 그런데도 이상하게 아늑한 느낌이 들어서, 이런 곳이라면 책 한 권 들고 들어와 종일 앉아 있을 수도 있겠다는 생각이 들었다. 화장실 벽이라는 것이 원래 먼지도 좀 껴 있고, 타일과 타일 사이에 누리끼리한 시간의 때도 묻어 있는 것이 보통이라고 알고 있던 아들에게 그 화장실은 큰 충격인 듯했다.

"엄마! 마리 집 화장실 봤어? 무지 깨끗하지?"

"그래, 참 깨끗하고 이쁘더라."

"엄마, 내일 우리도 화장실 좀 닦아볼까? 우리 집 건물이 좀 오래되기는 했지만 닦으면 색깔이 더 밝아질 것 같아."

"그래, 그러자."

그다음 날, 일어나자마자 아들은 내게 생일 축하카드를 그려주었다. 그러고는 아침밥을 먹자마자 곧바로 욕조 틈 사이 찌든 때를 닦아내기 시작했다. 몇 번 닦았더니 색깔이 이렇게나 밝아졌다며 엄마를 불러 자랑스럽게 보여주었다. 낡고 오래된 것도 잘 닦아주면 빛이 난다는 걸 깨달은 아이의 기쁨을 외면할 수 없어 나도 걸레와 스펀지를 들고 화장실 벽을 닦기 시작했다. 조용하고 평화롭고 사랑스럽기 짝이 없는 생일 아침 같으니라고.

2

2016년 5월. "네 생일에 네가 요리 하겠다고? 그건 좀 아니지…." 한나와 비올라가 동시에 외쳐댔다. 사실 나는 생일이고 뭐고 아무것도 생각나지 않았다. 상급학교에 진학한 아들은 처음 몇 달 동안 정말 행복해했었다. 하루하루가 즐겁다고 했다. 과목이 다양한 것도 흥미롭고, 각각의 과목을 초등학교 때보다 좀더 깊이 있게 공부하는 게 너무 좋다는 거였다. 학교를 마치고 3층인 우리 집까지 올라오는 계단에서 아들은 늘 휘파람을 불거나 콧노래를 불렀다.

그러던 아들의 눈에서 눈물이 떨어지기 시작한 건 입학 후 몇 달이 지나고 나서였다. 반 아이들 중 몇몇 남자아이들이 아들을 '중국놈'이라며 놀려댔고, 갖가지 인종차별적인 말들을 퍼붓기 시작한 것이다. 학교에 알렸지만 그러지 말라는 담임 선생님의 꾸지람을 들을 때만 잠깐 조용했다가, 아이들은 다시 아들을 놀려대며 괴롭혔다. 아들의 상황을 알고 안타까워하던 한나와 비올라는 요즘은 어떠냐고 간간이 내게 물어오곤 했다. 내 생일 일주일 전에도 그녀들은 우리가 잘 지내는지 그리고 내 생일에 무엇을 할 계획인지 물어왔다.

"친구들 불러서 같이 밥이나 먹을까 하는데, 비빔밥 어때?"

친구들과 같이 앉아 즐겁게 웃고 떠들다 보면 아들의 기분도 좋아지지 않을까 생각했었다. 하지만 내 말이 끝나기가 무섭게 둘은 이렇게 이야기를 하며 손사래를 쳤다.

"말도 안 돼. 네 생일에 왜 네가 밥을 하니? 그러지 말고 우리 같이 모여서 저녁 먹자. 우리 동네 식당 있잖아, 거기!"

"그래, 그러자. 정호한테 다니엘 보라고 하고 너 나와. 잠깐 우리랑 바람 쐬고 들어가."

생일 저녁, 초인종이 울렸다. 계단을 내려가 문을 열었더니 한나와 비올라가 머리에 커다란 꽃 한 송이씩을 꽂고, 각자 작은 화분과 꽃 한 송이를 들고 있었다. 천연덕스러운 표정으로 서 있는 둘의 모습을 보니 나도 모르게 웃음이 나왔다. 웃음을 터뜨리는 내게 비올라가 다가와 머리에 꽃을 꽂아주었다. 내가 쑥스러워하자 그녀가 말했다.

"생일에는 이래도 돼."

그리고 둘은 내게 노래를 불러주었다.

"Zum Geburtstag Viel Glück, Zum Geburtstag Viel Glück!"

독일어 버전의 생일 축하 노래가 조용한 동네 한가운데를 가로질러 퍼졌다. 노래가 끝나자 한나는 내게 작은 화분을 내밀었다. 그리고 두 친구는 한 명씩 양옆으로 와 내게 팔짱을 끼고는 말했다.

"오늘 네 생일선물로 우리가 식당에서 한턱내려고."

"응, 선물을 뭘로 준비할까 고민했는데, 이게 제일 좋을 것 같더라고."

나는 깜짝 놀라 말했다.

"말도 안 돼, 내가 한턱내야지! 내 생일인데…."

"아니. 선물 대신 우리가 너한테 맛있는 밥 사주는 거라고."

나는 머리에 커다란 꽃을 꽂고 친구들이 사주는 밥을 먹고 와인을 마셨다. 소풍이라도 나온 10대 소녀들처럼 우리는 깔깔대고 웃고 떠들었다. 저녁을 다 먹어갈 무렵 회사 일로 조금 늦은 야나도 참석해 같이 와인을 마셨다. 식당 문을 나서자 조금 시원한 듯, 따듯한 듯, 달달한 듯한 바람이 불어왔다. 잘 가라는 인사의 끝에 걸어가는 친구들의 모습이 눈에 들어와 박혔다. 아마 와인 때문이었을 것이다. 나도 모르게 눈물이 난 것은….

3

2017년 5월. 하필 생일 아침에 일이 생겼다. 이른 시간에 남편과 집을 나서야 했고 아들은 데려갈 수 없었다. 나는 한나에게 사정을 이야기하고, 아들이 그 집에 가 있어도 괜찮은지 물어보았다. 한나는 언제나처럼 말했다.

"물론이지."

"토요일 아침엔 늦잠도 좀 자고 그래야 하는데, 미안해."

"무슨 소리! 그런 생각은 하지 말고 마음 편히 갔다 와. 근데 왜 하필 생일날이니?"

한나는 그저 생일날 아침, 이른 시간부터 집을 나서야 하는 내 상황을 속상해했다. 볼일을 마치고 남편과 나는 트리어 시내에 서는 주말 장터에 가서 한나의 딸 마리가 좋아하는 딸기와 체리를 사 들고 한나네 집으로 향했다.

"오, 일찍 왔네."

한나가 환하게 웃으며 내게 다가왔다. 그러고는 오랫동안 따뜻하게 안아주었다.

"생일 축하해."

한나가 내게 작은 꽃다발을 내밀었다. 그리곤 귓속말로 조용히 이야기했다.

"다니엘이랑 같이 만들었어. 참, 집에 가서 애 신발 한번 봐봐. 아마 좀 젖어 있을 거야. 호숫가에서 꽃을 꺾다가 웅덩이에 발이 몇 번 빠졌거든."

 나와 남편이 볼일을 보러 간 사이 한나는 다니엘과 강아지 루시를 데리고 동네 호숫가로 산책을 갔고, 다니엘에게 엄마 생일선물로 줄 꽃다발을 같이 만들자고 한 것이다. 그 꽃다발을 볼 때마다 나는 웅덩이에 발이 빠지는 것도 마다하지 않고 꽃을 꺾으러 다녔을 아들과 그 옆에서 뛰어다닌 루시 그리고 그 꽃들로 예쁜 꽃다발을 만들었을 한나의 모습이 무슨 드라마의 결정적 한 장면처럼 머릿속을 스쳐 지나갔다. 꽃들이 시들기 시작하자 나는 얼른 사진을 찍어두었다. 그리고 작별하기 전, 아들에게 양해를 구했다.

 "이제 너무 시들어서 애네들을 보내야 할 것 같아. 그래도 너무 섭섭해하진 않았으면 해. 엄마가 이렇게 사진을 찍어뒀거든. 엄마는 이 사진을 볼 때마다 네가 준 꽃들 잊지 않고 기억할 거야."

 내 말에 아들은 씨익 웃으며 고개를 끄덕였다. 한 번도 살아본 적 없는 내 생애 첫 마흔여덟, 나는 또 이렇게 시작한다.

같이 호흡 맞춰
걸어가는 법

모처럼 날씨가 좋았다. 한동안 비바람이 흩뿌려서 밖에 나가기 힘들었는데, 이제야 여름옷을 입고 햇볕을 쐬게 된 것이다. 자전거 하이킹을 하자며 잭에게서 전화가 왔다. 잭은 스코틀랜드에서 온 친구다. 독일에서 미술을 공부하다 이곳에 눌러앉게 되었고, 지금의 아내 야나를 만나서 트리어에 정착하게 되었다. 늘 웃으며 사람들과 이야기하는 잭과 어떤 일이든 좀처럼 서두르는 법이 없는 야나. 이 둘에겐 이란성 쌍둥이 칼리와 파스칼이 있는데, 칼리와 아들이 같은 반이다 보니 서로 알고 지내게 되었다.

칼리는 옅은 갈색 머리를 사자처럼 풀어헤치고 다니는 소녀다. 아빠 잭이 즐겨 듣는 록 음악을 틀어놓고 춤추기를 좋아하고, 화가인 아빠의 영향을 받았는지 그림도 잘 그린다. 자유로운 영혼의 소유자인 칼리는 가끔 수업시간에 깊은 잠에 빠져들기도 하는데,

한번은 이제 그만 일어나라는 선생님의 이야기에도 꼼짝 않고 계속 자는 바람에 선생님이 어깨를 잡고 흔들어 깨운 적도 있었다고 한다.

엄마인 야나가 들려준 또 다른 이야기도 있다. 산수 숙제를 하는데 발을 책상에 턱 하니 올려놓고 흔들흔들하면서 연필을 입에 물고 세월아 네월아 하더라는 것이다. 그 와중에 엄마의 속을 홀딱 뒤집는 멘트도 날려주면서 말이다.

"5 더하기 4? 아, 글씨가 너무 작아서 생각을 할 수가 없네."

어디로 튈지 모를 이 자유분방한 영혼의 소유자는 무심한 듯한 표정을 지으면서도 늘 옆의 사람들을 살핀다. 아들이 아파 이틀 정도 학교에 가지 못한 적이 있었다. 그때 내가 과제물을 가지러 대신 학교에 들렀는데, "다니엘 괜찮아요?" 하고 제일 먼저 내게 달려와 물었던 것도 칼리였다.

칼리와 이란성 쌍둥이인 파스칼은 어릴 때 큰 수술을 받았는데, 그 흔적이 아직 가슴에 남아 있다. 하지만 매사에 늘 긍정적인 엄마, 아빠 옆에서 아이는 그 '흔적' 따윈 아랑곳하지 않고 씩씩하게 자라났다. 수영도 잘하고, 스케이트보드도 탈 줄 알고, 독특한 발상으로 재미난 그림도 그리는 보통의 일곱 살 소년으로 말이다. 건강상의 이유로 학교 입학을 미뤘었는데, 이제 8월이면 학교에 간다.

우리는 7킬로미터쯤 달리고 좀 쉬다가 다시 집으로 돌아가기로 했다. 그러니까 왕복 14킬로미터정도 되는 거리를 자전거로 달려야 했다. 집 근처 호숫가나 기껏해야 3킬로미터 되는 강변길을 달려본 아들이 이렇게 먼 거리를 가보기는 처음이었다.

"누가 먼저 제일 앞에서 달리고 싶니?"

야나가 아이들에게 물었다.

"저요!"

"아니, 내가 먼저 할 거야."

"내가 제일 잘 타니까 내가 앞에 갈 거야!"

아이들이 서로 하겠다고 다투기만 하고 결정을 내리지 못하자 야나가 말했다.

"얘들아! 이것 참 유감이다. 너희들이 같이 의논해서 결정하지 못했으니 내가 앞에 가야겠다. 다음 쉬는 시간에 다시 한번 이야기해보자."

아이들이 '에이!' 하며 실망한 얼굴로 투덜거렸다. 모처럼 제대로 모습을 드러낸 해 덕분에 다들 얼굴이 발그스레해지고 땀도 조금씩 흐르기 시작했다.

3킬로미터쯤 달렸을 때였다. 이제 반 정도 왔나 싶었는데 지친 칼리가 쉬고 싶어 했다. 우리는 잠깐 멈춰 서서 야나가 나누어주는 비스킷과 젤리를 먹었다. 이럴 땐 동기부여가 필요하다며 야나는 한쪽 눈을 찡긋하며 내게 말했다. 물도 마시고 꿀맛 같은 간식도 먹고, 그렇게 잠깐의 휴식이 끝나자 야나는 아이들에게 다시 물었다.

"자, 애들아, 이번엔 누가 앞에서 갈 거니?"

셋이 의논해서 순서를 정하지 않으면 모두에게 기회가 오지 않는다는 걸 앞서 경험한 아이들이 이번엔 좀 다르게 이야기하기 시작하더니 자기들끼리 순서를 정했다.

"그래, 이번에는 다니엘이 앞에 가고, 그다음엔 칼리, 그다음엔 파스칼. 됐지? 그럼 이제 출발한다."

얼마쯤 갔을까. 이제 좀 있으면 목적지에 도착하겠다는 생각이 들 즈음 아이들은 서서히 지쳐갔다. 파스칼이 속력을 내지 못하자 뒤에 있던 아들이 빨리 가라고 재촉하는 게 보였다. 자전거만 타면 신나서 씽씽 달리는 아들이 저보다 속도가 느린 친구의 호흡에 맞추려니 답답했던 모양이었다. 다니엘의 뒤에 있던 잭이 파스칼을 재촉하지 말라고 이야기하긴 했지만, 좀더 제대로 이야기해주는 게 좋을 것 같아 아들에게로 달려갔다.

"다니엘! 친구가 힘들어하면 '괜찮다, 잘하고 있다, 힘내라' 그렇게 이야기해줘. 빨리 가라고만 하지 말고. 다같이 가고 있는 거잖아. 네가 그렇게 이야기해주면 친구도 힘을 더 낼 수 있어. 그래야 또 친구고."

"왜? 왜 그렇게 말하면 더 잘 달려?"

"너 걷다가 힘들 때 엄마, 아빠가 '힘내라, 잘하고 있다' 하고 말해주는 게 좋아 아니면 '빨리 걸어!' 그렇게만 말해주는 게 좋아?"

"잘하고 있다고 말해주는 게 좋아."

"그래, 아마 파스칼도 그럴 거야."

파스칼의 가슴에 남아 있는 흔적의 의미를 아직 아들은 잘 모르지만, 그래도 엄마의 말을 조금은 이해했는지 파스칼의 속도에 맞추려고 노력하는 것 같았다. 그렇게 달려온 곳엔 오래된 작은 성 하나가 있었다. 자전거에서 내려 마른 목을 축이고, 가지고 간 빵과 과일도 나눠 먹었다. 파스칼이 가방에서 작은 공 하나를 꺼내자 칼리와 다니엘도 같이 어울려 공을 차기 시작했다. 그러다 성벽 틈 사이사이를 기어 다니는 작은 벌레들을 들여다보기도 하고, 경사진 풀밭 위를 같이 떼굴떼굴 구르기도 했다. 아이들이 까르르 웃는 소리와 풀을 쓰다듬는 바람 소리가 함께 어우러져 들판에 퍼졌다.

집으로 돌아가는 길에 파스칼은 가슴에 통증이 있다며 힘들어했다. 아마 피곤해서 그런 것 같다며 잭은 걱정하지 말라고 했지만 그래도 걱정이 되었다. 자전거를 계속 탈 수 있으려나 했는데, 아빠와 이런저런 이야기를 나누던 파스칼이 다시 자전거에 올랐다.

"멋지다, 파스칼!"

"기운 내라, 파스칼!"

다들 파스칼을 응원했고, 그 응원 소리에 기운을 낸 아이도 열심히 페달을 밟았다.

"엄마! 나 지금 잘 달리고 있지? 아주 똑바로, 응?"

친구의 속도에 맞춰 달리고, 중앙선을 넘지 않는 규칙도 잘 지킨 걸 칭찬받고 싶은 아들이 내 옆으로 다가와 물었다.

"응. 아주 잘하고 있어."

엄마의 칭찬에 기분이 좋아진 아들이 씨익 웃었다. 여름방학이 끝나면 파스칼은 이제 새로운 생활을 시작하게 될 것이다. 쉬는 시간에 우르르 몰려나오는 덩치 큰 상급생들과 부딪혀 넘어지기도 하고 때론 친구들과 싸우기도 하고 그러다가 화해도 하고, 가슴에 남아 있는 그 '흔적'이 발목을 잡으려 할 때마다 자신과의 치열한 싸움도 마다하지 않으며 그렇게 또 세상을 향해 한 발짝 내디딜 것이다. 그리고 그 옆에서 내 아들도 친구와 호흡 맞춰 걸어가는 법을 배우며 한 뼘씩 자랄 것이다.

아직 쨍쨍한 햇볕이 머리 위로, 땅 위로 뻗어 내렸다. 아주 골고루 어디 할 것 없이 말이다.

그도 나도 그저
이방인이었다

1

"왜 독일에 왔어요?" 트리어에 이사 온 지 얼마 되지 않아서였다. 아들을 유모차에 앉혀 막 산책길에 나선 참이었다. 골목 모퉁이를 도는데 갑자기 한 여자가 불쑥 다가와 물었다. 보통 최소한의 예의를 지켜서 먼저 인사라도 하고 난 다음 어느 나라에서 왔는지 물어보기 마련인데, 그렇게 대뜸 약간 화난 듯한 표정으로 고향을 묻는 사람을 만난 건 그때가 처음이었다.

나는 순간 당황했고 얼떨결에 그녀의 질문에 답을 하고 말았다. 그 질문에 답하기 이전에 그녀의 무례한 태도에 대해 먼저 언급했 어야 했다는 후회는 총총히 사라지는 그녀의 뒷모습을 보면서 뒤늦게 밀려왔다. 남편의 유학 때문에 독일로 오게 되었다는 내 이야기를 듣고 그녀가 중얼거리던 혼잣말을 나는 아직도 기억한다.

"우리 동네에 왜 자꾸 중국놈들이 오는 거야…."

이 도시에 사는 적지 않은 독일인들이 동양인에 대해 상당한 편견을 가지고 있는 듯했다. 동양인이 많이 살지도 않을뿐더러 아시아로 여행을 가본 사람도 드물고, 동양인을 만나본 사람도 드문 이곳에서 나같이 평범한 동양 여자는 옷 가게나 액세서리 가게에 들어갈 때마다 점원들의 긴장된 눈빛을 온몸에 받게 된다.

혹시 내가 물건을 훔치지 않을까 전전긍긍하며 쳐다보는 시선에 당황하지 않고 여유 있게 웃음을 보이기까지 오랜 시간이 걸렸다. 하지만 동양에서 온 여자들은 가난해서 제대로 교육을 받지 못한 데다 결혼도 자기 마음대로 할 수 없다고 생각하는 유럽인들이 아직 있다는 걸 아는 데는 그리 많은 시간이 걸리지 않았다. 가보지 못한 세계, 만나보지 못한 사람들에 대한 편견과 황당한 상상이 얼마나 거대해질 수 있는지, 또한 그로 인한 그릇된 판단이 어떠한지 체험하고 싶다면 외국의 작은 도시에서 살아보라고 말하고 싶다.

2

코니는 룩셈부르크에 있는 한 가톨릭 재단에서 일한다. 그녀는 아시아 지역에 주둔해 있는 세계 기업들을 감시하고, 아이들의 교육이 제대로 이루어지는지 살핀다. 예를 들면 임금을 제대로 지불하는지, 자연환경을 해치지는 않는지 감시하고, 교육시설이 없는 곳에 유치원이나 학교를 짓는다. 말레이시아와 방글라데시에서 이런 일을 하는 코니는 내게 한국 기업에 관한 이야기를 슬쩍 해준 적이 있다.

듣는 내내 이 친구가 내가 한국인이어서 많이 걸러서 전하는구나 하는 생각이 들었다. 웃으면서 한 이야기였지만 나는 웃을 수가 없었다. 현지 사람들을 인간으로 대접하지 않는, 신문에서 종종 보는 한국 기업들의 모습을 코니의 입을 통해 듣게 되었으니까. 한국 기업, 한국 사람에 대해 별로 좋지 못한 인상을 받은 코니가 그럼에도 불구하고 한국 사람인 나를 재단하지 않고 열린 태도로 만나준 게 고마울 지경이었다.

3

아들을 괴롭히던 아이들이 있었다. 물리적인 폭력은 없었지만 이 아이들은 아들의 이름 대신 '중국놈' '일본놈' 같은 말로 아들을 불렀고, 인종차별적인 말들을 퍼부으며 놀려댔다. 그 아이들 중에는 시리아에서 온 아이도 있었다. 나는 다른 아이들에 대해선 담임선생님에게 알렸지만, 차마 이 아이에 관해선 말할 수가 없었다. 그 이유는 이 아이가 독일에 오기까지 어떤 일이 있었는지 잘 알고 있었고, 아이 자신이 이미 다른 독일 아이들로부터 '시리아에서 온 놈'이라며 온갖 놀림을 당했다는 걸 알고 있었기 때문이다.

Y는 무척 똑똑했다. 그래서 독일 교과 과정을 빨리 익혔고, 몸집은 작았지만 움직임이 빨랐다. 아들은 다른 아이들로부터 놀림을 받을 때 그저 "싫어" "그만해"라는 말만을 했지만 Y는 달랐다. 누군가 Y에게 '시리아에서 온 놈'이라고 놀려대면 말만으로 끝내지 않았다. 주먹이 나갔다. 한 번은 다른 아이와 입에 피가 날 정도로 싸우는 바람에 학교가 발칵 뒤집힌 적도 있었다.° Y가 아들을 때린 적은 없었다. 아들의 표현을 빌자면, 이 아이는 상대가 정신적으로 지극히 피곤해할 수 있는 말을 잘 알고 있는 것 같았다. 아들은 그 자신도 외국인이면서 자기를 인종차별적인 언어로 괴롭히는 Y를 이해할 수 없다고 했다.

나는 학교에 알리기 전에 그 아이의 부모와 먼저 이야기하고 싶었다. 전화기 너머로 어색한 억양의 독일어가 들렸다. "할로!" 나는 그 아이의 아버지에게 차마 '당신의 아들이 내 아들을 괴롭힌다'는 말을 할 수가 없었다. 그저 우리도 외국에서 왔고, 당신과 당신 가족에게 인사를 하고 싶어서 전화를 했다고 둘러대며, 당신의 아들과 내 아들이 서로 잘 지냈으면 좋겠다는 말을 전했다.

얼마의 시간이 지난 후에도 Y는 아들을 놀리고 괴롭히는 일을 멈추지 않았다. 나는 다시 그 아이의 아버지에게 전화를 했다. 내가 그저 인사만 했을 뿐인데, 그는 이미 눈치채고 있었다.

° 독일의 인문계 학교에서는 세 번, '피가 날 정도'의 폭력이 일어나는 경우 퇴학이다.

"내 아들이 당신의 아들을 괴롭혔나요?"

나는 몇 초 동안 아무 말도 할 수 없었다. 무슨 말을 해야 할지 생각이 나지 않았다. 그래서 그냥 간단하게 대답했다.

"네…."

그는 이미 학교에서 Y에 대한 전화를 받은 듯했다. 아들의 말에 의하면 Y는 아들만 괴롭히는 게 아니었으니까. 그는 내게 자신의 아들과 이야기해보겠다고 그리고 미안하다고 했다. 그러다 학교 축제 때 Y의 아버지를 만났다. 그는 전화 통화 때 상상했던, 딱 그 사람 좋은 미소를 띠며 내게 인사를 했다. 그리고 우리는 서로가 살아온 이야기들을 조금 나누었다.

시리아에서 변호사였던 그는 독일에 와서 카페에서 일을 하고 있었고, 초등학교 선생님이었던 그의 아내도 독일어를 배우며 틈틈이 일을 하고 있다고 했다. 그가 많은 말을 하지는 않았지만, 나는 그와 그의 가족이 얼마나 정신없고 힘든 나날을 보내고 있을지 상상할 수 있었다. 공부를 하겠다고 계획을 세워 독일에 온 우리도 정말 힘든 시간을 보냈는데, 전쟁을 피하기 위해 선택한, 살기 위해 어쩔 수 없이 하게 된 타향살이가 어떨지 감히 조금은 짐작되었기 때문이다. 그는 한숨 섞인 목소리로 말했다.

"다 부서졌어요. 다. 모조리 다…."

다시 고향으로 돌아가고 싶다는 그가 나즈막히 내뱉던 저 문장이 오랫동안 내 귓가에 맴돌았다.

그 후 나는 Y를 몇 번 집으로 불렀다. 음악 숙제가 힘들다는 아이를 초대해 아들과 같이 밥을 먹이고, 숙제를 도와주기도 하고, 그냥 집에 와서 한번 놀자고 부르기도 했다. 하지만 워낙 다른 성격의 두 아이가 서로에게 스며들기란 힘들어 보였다. 나는 시간이 날 때마다 아들과 시리아 내전에 관한 자료를 함께 찾아보고 이야기를 나눴다.

브로커에게 돈을 주고 트럭 뒤 짐칸 사이에 몸을 숨겨 숨을 죽이고 삶과 죽음의 경계선을 넘어온 그 아이가 겪었을, 그리고 여전히 겪고 있을 혼란을 그 아이 대신 아들에게 이야기해주고 싶었다. 두 아이가 서로 친해지지 못한다 하더라도 최소한 아들이 그 아이가 처한 상황을 이해하기를 바랐다.

아마도 누군가는 내게 물을지도 모르겠다. 네 아들을 괴롭히는 아이에게 왜 그렇게 배려하려 했냐고. 솔직히 고백하건대, 나는 내 아들을 지키기 위한 가장 이기적인 방법을 택했을 뿐이다. 이제 겨우 열두 살인 내 아들이 누군가를 미워하게 되고, 어느 특정한 나라와 종교에 대해 선입견을 갖는다는 것만큼 위험한 교육 환경은 없을 것 같아서였다. 아들이 커서 어른이 되었을 때 어린 시절의 경험으로 누군가에게 다가가고, 누군가와 친구가 되는 일에 주저하지 않기를 바라서였다.

한정된 경험과 부족한 정보에서 오는 편견만큼 사람의 성장을 가로막는 게 없다는 걸 이곳에 와서 많이 깨닫고 있기 때문이다.

4

친구 비올라의 오빠 마리우스가 시리아에서 온 한 소년을 가족으로 맞이했다. 그 소년은 혼자 시리아를 탈출했다. 마리우스에겐 아들이 하나 있는데, 집에 방이 하나 더 있다며 그 소년을 집으로 데리고 왔다. 친절하고 무척 부지런하고 매사에 열심인 그 소년은 지금 독일어 수업과 직업 교육을 같이 받고 있다. 그리고 마리우스의 아들과도 친구처럼 잘 지내고 있다.

비올라의 생일파티에서 나는 그 소년을 만난 적이 있다. 내가 싸가지고 간 김밥을 무척 맛있게 먹고 싹싹하게 말을 건네던 그 소년의 환한 미소를 잊을 수 없다. 아들도 그 소년과 같이 이야기를 나누며 환하게 웃었다. 그렇게 내 아들은 또 한 뼘 커 가고 있다.

엄마 콤트!
다섯 살 소피의 너무 예뻤던 한국말

아들이 유치원에 다니기 시작한 지 얼마 되지 않았을 때였다. 하원 시간에 맞춰 아이를 데리러 갔는데 선생님이 말씀하셨다.

"다니엘이 할머니랑 지낸 시간이 많았나 봐요."

이게 무슨 말씀이신가? 궁금해서 왜 그렇게 생각하시는지 여쭤보았더니, 친구들이랑 잘 놀다가 갑자기 할머니 생각이 났는지 '오마, 오마' 하고 목 놓아 울더라는 것이다. 오마? Oma는 독일어로 할머니를 뜻하는 말이다. 할머니를 불렀다고? 언뜻 이해가 가지 않았다.

"애가 정말 '오마, 오마' 하던가요?"

나는 선생님께 다시 여쭤보았다.

"네, 계속 '오마, 오마' 하고 울더라고요. 제 품에 안겨서 한 5분 울더니 다시 기운 차리고 친구들이랑 잘 놀았어요."

선생님 이야기를 듣고 잠시 생각해보니 짐작 가는 게 있었다. 아이가 '엄마, 엄마' 하고 울었는데, 아마 독일어 '오마'랑 발음이 비슷하다 보니 생긴 오해가 아닐까 싶었다. 나는 선생님께 한국에서는 Mama를 '엄마'라고 말한다고 말씀드렸고, 선생님은 상황이 이해된다는 듯 고개를 끄덕이셨다.

"어쩐지…. 대부분 아이들이 엄마를 찾는데, 특이하다 했어요."

그날 이후 아들의 선생님과 호랑이반 아이들은 Mama를 한국말로 '엄마'라 한다는 걸 알게 되었다.

며칠 후 아들을 데리러 유치원에 갔을 때였다. 그날도 아들은 눈물을 뚝뚝 흘리며 울고 있었는데, 그 옆에는 한 여자아이가 한 손으로는 아들의 손을 잡고, 다른 한 손으로는 아들의 머리를 쓰다듬으며 이렇게 다독거리고 있었다.

"니히트 바이넨Nicht weinen, 엄마 콤트kommt(울지 마, 엄마 올 거야)!"

독일어 문장 속에 들어 있는 '엄마'라는 한국말 한마디가 귀에 쏙 들어왔다. 누군가의 마음을 다독여주는 말처럼 아름다운 게 이 세상에 또 어디 있을까? 나는 아들을 향해 걸어가던 발걸음을 잠시 멈추고 유치원 현관문 앞에 서서 조용히 아이들을 바라보았다.

울먹이는 유치원 신입생 다니엘을 한국말로 달래주던 그때 그 여자아이 소피는 이제 훌쩍 커서 9학년이다. 나는 가끔 동네에서 마주칠 때마다 잘 지내는지 안부를 묻곤 한다. 그러면 아이는 수줍게 웃으며 조곤조곤 이야기를 전해준다. 조막만 한 손으로 다니엘의 머리를 쓰다듬으며 '엄마 콤트'라고 이야기해주던 그때 그 다섯 살 여자아이의 모습은 내 기억 속에 오래오래 머무를 것 같다. 참으로 고맙고, 가슴 따뜻해지던 그 모습, 그 순간이….

시간을 관통한
씩씩하고 유쾌했던 그녀들

1

카를스루에에 있을 때 딱 한 번 '이발소'에 간 적이 있다. 오랫동안 방치해둔 머리카락이 여차하면 허리까지 오겠다 싶어 그 동네에서 제일 싸다는 곳에 갔다. 문 앞 광고판에는 여자들 머리도 손질이 가능하다고 적혀 있었으나, 유리창 너머에는 10대 까까머리 남자아이들과 중장년층 아저씨들뿐이었다. 문 앞에서 잠시 머뭇거리던 나는 심호흡을 한 후 들어갔다. 앉아 있던 남자들과 미용사들의 시선이 내게로 집중되었다.

나는 얼굴이 붉어진 채 안내받은 자리에 앉아 언발란스하게, 짧게 자르고 싶다고 말했다. 내 머리카락을 잠시 살펴보던 젊은 미용사는 살짝 미간을 찌푸리더니 빠른 말투로 내게 말했다. "머리카락이 굵고, 숱도 많아서 그렇게 자르기는 힘들겠요." 그리고는 내가 뭐라고 말할 틈도 주지 않고 가위를 들어 휙 머리를 잘랐다. 얼굴 크기가 CD 한 장이라는 연예인도 아니고, 파릇파릇한 20대도 아니고, 내일모레면 마흔인 아줌마가 얼떨결에 바가지를 엎고 자른 듯한 일자형 단발머리라니…. 돈은 돈 대로 내고 속은 속대로 상했다. 트램 정거장에 서서 광고판에 어슴푸레 비친 내 모습을 뚫어져라 쳐다보고 있었다. 그때였다.

"여기 젊고 아름다운 여인이 서 있네."

시를 읊는 듯한 목소리에 깜짝 놀라 주위를 둘러보았다. 늦은 오후의 한산한 트램 정거장. 나 혼자 서 있다고 생각했는데, 할머니 한 분이 웃으며 나를 바라보고 계셨다. 순간 당황스럽기도 하고 부끄럽기도 해서 어쩔 줄 몰라 하다가 떠듬떠듬 할머니에게 말했다.
"그게…, 오늘 머리를 좀 짧게 잘랐는데 저한테 안 어울리는 것 같아서요."
"아, 나도 오늘 머리를 짧게 잘랐다우. 그런데 이제 나는 머리를 어떻게 해도 아름답지 않은 나이가 되었어요. 당신은 젊잖아요. 젊다는 건 그것만으로 충분히 아름다운 거예요."
꿈을 꾸는 듯한 몽롱한 대화에 잠깐 멍하니 서 있는데 트램이 도착했다.

"집에 아직 어린애가 기다리고 있어서요. 안녕히…."

할머니는 무언가 더 이야기를 하시려다가 그저 웃으며 말없이 내게 손을 흔들어주셨다.

2

카를스루에에서 살던 집은 한 층에 두 가구씩 여덟 가구가 살았다. 우리는 1층에 살았는데, 같은 층에는 할머니 한 분이 살고 계셨다. 이름이 정확히 생각나지는 않지만 할머니의 성씨로 보아 폴란드나 다른 동유럽 국가에서 오신 것 같다는 짐작을 했었던 기억이 난다. 방이 하나뿐인 우리 집과 다르게 방이 세 개나 있는 그 집에 할머니는 혼자 살고 계셨다. 은발의 짧은 머리에 회색 눈동자를 가진 그녀는 유창한 영어를 구사하셨고, 독일어라곤 아직 '할로Hallo(안녕)' '당케Danke(고마워)' 수준을 넘지 못했던 나는 짧은 영어지만 할머니와 이야기를 나눌 수 있었다.

할머니는 일흔이 다 되셨지만 일도 계속하시고, 늘 꼿꼿하고 당당한 모습이셨다. 한번은 사고로 다리를 다쳐 한동안 목발을 짚고 다니셔야 했는데, 많이 불편하실 듯해서 가방이라도 들어드리려 하면 매번 단호하게 거절하셨다. 한 손으론 목발을, 다른 한 손으론 가방을 들고 걸어가시던 그 모습이 아직도 눈에 선하다.

그렇게 조금은 도도하고 차갑다는 느낌마저 들었던 할머니가 내게 눈물을 보이신 적이 딱 한 번 있다. 베를린에 살고 있다는 아들 이야기를 하셨을 때였다. 장가를 가라고 해도 도통 갈 생각을 안 한다며 내게 아이처럼 투정을 부리시다가, 그래도 그 멀리 사는 아들이 이사를 도와주러 이곳까지 온다며 자랑을 하시는 거였다. 하나뿐인 아들과 독일 남쪽, 북쪽에 뚝 떨어져 살면서도 할머니는 단 한 번도 아들 옆에서 살고 싶다는 말씀을 하지 않으셨다. 이 도시엔 당신의 삶이 그리고 베를린엔 아들의 삶이 있다는 이야기였다.

"사람은 원래 외로운 거라우…. 나이가 들면 혼자가 되고 말아. 당신도 나처럼 나이가 들면 알게 될 거야."

할머니의 회색 눈동자에 살짝 눈물이 고였다. 뭐라고 말을 해야 하나, 내가 잠시 머뭇거리는 사이 할머니는 잠깐의 감상에서 빠져나와 하늘을 올려다보며 순식간에 눈물을 말리시고는 다시 그 예의 꼿꼿한 자세로 말씀하셨다.
"이제 막 당신이랑 서로 얼굴이 익숙해지나 했는데 아쉽네. 내가 이사 가는 집 주소를 알려줄 테니 시간 나면 한번 놀러 와요."
할머니와 그 집에서 같이 지낸 시간은 딱 반년이었다. 이사를 가지 않으셨다면 아마 서로의 얼굴이 더 익숙해졌을지도, 더 많은 이야기를 풀어냈을지도 모를 일이다. 그 뒤로 나는 할머니를 다시 보지 못했다.

3

아나벨 할머니를 만난 건 아들의 반 친구 클라라네서였다. 클라라네 집 바로 옆에 사시는 할머니는 곧 여든일곱이 되신다는데, 귀가 잘 들리지 않아 보청기를 끼고 계시면서도 항상 웃으시고, 젊은 사람들과 농담도 곧잘 주고받으신다고 했다. 두 집을 가로지르고 있는 거라고는 토끼 한 마리도 거뜬히 넘을 수 있을 것 같은 아주 낮은 울타리뿐이었다. 아이들이 할머니의 집에 종종 놀러 가기도 하고, 할머니가 그 울타리 옆에 서서 마당에서 뛰어노는 아이들을 흐뭇하게 바라보기도 하셨다.

바비큐 파티에 초대받아 간 날 아나벨 할머니는 아이들이 트램펄린 위에서 정신없이 뛰고 있는 모습을 웃으며 바라보고 계셨다.

"우리 딸이 너무 말괄량이예요."

클라라의 엄마가 한마디 하자 할머니가 웃으며 말씀하셨다.

"아이고, 내가 저만할 때는 클라라보다 더 말괄량이었어. 트리어에 있는 나무란 나무에는 다 올라가 봤지. 우리 아버지가 손사래를 쳤었어. 내가 얼마나 왈가닥이었나 하면 말이야…"

갑자기 목이 메시는지 할머니가 이야기를 멈추셨다. 내 머릿속에 동네의 나무란 나무는 다 올라야 직성이 풀리는 말괄량이 소녀 아나벨의 모습이 떠올랐다. 아마도 내가 상상하는 그 소녀를 할머니도 잠시 만나시는 듯했다.

"그러니까 나무란 나무는 다 올라가 보고, 공사장 사다리에도 막 올라가고, 하하하⋯."

 아나벨 할머니가 예의 그 유쾌한 모습으로 다시 돌아와 어린 시절 이야기를 이어가신다. 식탁에 둘러앉아 할머니의 어린 시절 이야기를 듣는 맛이 쏠쏠했다. 저녁 어스름이 다가오자 할머니는 슬슬 일어나신다. 클라라 엄마를 안고 등을 토닥이시는 할머니.

 "식사 초대해줘서 고마워. 정말 잘 먹고 가. 어머니는 요즘 안녕하신가? 꼭 안부 전해줘."

 그리고 내게도 다가와 손을 잡으시더니 말씀하신다.

 "다음에 봐요. 잘 지내고⋯."

 아나벨 할머니와는 어디서든 종종 만나지 않겠는가. 클라라의 집에서든 동네 골목길에서든. 그때마다 나는 아마도 여든일곱 살의 아나벨과 일곱 살의 아나벨을 같이 만날 것이다. 그리고 그 둘 모두 반가울 것이다.

요즘 무슨 일이 제일
재밌어요

발도르프 학교에서 처음 일을 시작하고 한 학기 동안에는 임시직으로 일했다. 흔히 하는 말로 대타였고, 계약서도 없이 그날그날 수업한 만큼 해당 수업 선생님의 사인을 받아 서류를 제출하면 학교에서 돈을 지급하는 형식이었다. 학기가 끝나갈 무렵 같이 수업했던 크루거 선생님이 계속 일해보지 않겠냐고 제안했고, 나는 떨듯이 기뻤다. 하지만 계약서를 쓰는 일은 그리 만만치 않았다. 발도르프 학교의 의사결정 구조는 수직적이지 않고 수평적이기 때문에 학과장인 크루거 선생님 혼자 결정할 수 없고, 다른 오이리트미 선생님들의 동의가 있어야 한다. 게다가 학교 입장에서는 여러 제약이 따르는 외국인을 굳이 힘들게 고용할 필요가 없어 보였다.

어느 날 크루거 선생님이 내게 계약서 이야기를 꺼내며 이렇게 덧붙였다.

"김 선생님이 만든 음악을 들으면 동료들이 선생님을 더 잘 이해할 수 있을 것 같아서 예전에 내게 준 CD를 들어보라고 줬어요. 괜찮지요?"

처음 이력서를 낼 때 내가 만든 음악을 CD에 담아 함께 제출했는데 그걸 말씀하는 것이었다.

"그럼요."

나는 고마운 마음으로 대답했다. 그리고 지난가을 나는 계약서를 썼다. 아직 파트타임이지만 고향을 떠나 먼 이국땅에서 살아가는 내게 어딘가에 소속되어 일을 한다는 건 커다란 위안이 되었다.

남의 나라에 온 지 8년. 내 이름이 적힌 첫 월급 명세서를 받던 날 나는 울지도 웃지도 못하고 그저 종이 한 번, 하늘 한 번 번갈아가며 쳐다보고만 있었다. 짙게 깔린 구름 사이로 조금씩 낯을 드러내는 파란색 하늘이 내 마음만큼이나 복잡해 보였다.

어딘가에 소속되고 나니 그 전엔 하지 않아도 될 일들도 하게 된다. 크리스마스 방학이 끝나면 12학년 학생들이 오이리트미 졸업작품을 준비하는데, 크루거 선생님은 혹시 참여가 가능할지 조심스레 물었다. 내가 12학년 수업을 맡지 않는 데다 졸업작품을 준비하는 연습시간은 학교에서 따로 수당을 지급하지 않아서였다. 게다가 아들이 학교에서 돌아오는 오후 시간에는 일하기 힘들다는 걸 누구보다 잘 알고 있었기 때문이다. 다행히 내 이야기를 들은 얀의 엄마 유디트가 선뜻 아들을 돌봐주겠다고 했다. 나는 수요일 오후면 12학년 학생들을 도와주고, 아들은 방과 후면 얀의 집으로 가 점심을 먹고 숙제를 하면서 얀과 놀 수 있었다. 3학년 수업이 있는 수요일 오후 연습시간까지는 한 시간의 텀이 있었다. 피아노가 있는 교실은 연달아 수업이 있어서 갈 곳이 없던 나는 학교 식당으로 향했다. 지나갈 때마다 맛있는 냄새가 나던 그곳을 안 그래도 한 번은 가보고 싶던 터였다.

처음 연습이 있던 날, 파가 잔뜩 들어간 크림소스 파스타를 쟁반에 담아 앉을 자리를 찾아 두리번거렸다. 식당 중앙에 앉은 요나가 눈에 들어왔다. 요나는 내가 들어가는 3학년 수업에서 알게 된 아이인데, 어쩌다 복도에서 마주치면 혀를 낼름 내빼고는 획 도망가 버리기 일쑤였다. 그런 애가 나랑 같이 앉으려고 할까? 나는 조금 자신이 없었지만, 요나에게 같이 앉아도 되겠냐고 눈빛으로 사인을 보냈다. 요나는 내 염려와는 달리 포크를 든 손으로 자기 앞의 의자를 가리켰다.

"엄마 기다리는 거야?"

나는 의자에 앉으며 요나에게 말을 걸었다.

"아니요, 할아버지 기다리는 거예요. 할아버지 일이 끝나면 같이 집에 가려고요."

"그래?"

"네. 수요일은 할아버지랑 같이 집에 가요. 월요일은 아빠랑 같이 가고, 화요일은 엄마랑, 목요일은 아빠랑 그리고 금요일은 아빠랑 갈 때도 있고 엄마랑 갈 때도 있고, 주말엔 아빠랑 같이 지내기도 하고, 엄마랑 같이 지내기도 하고 그래요."

요나는 파스타를 계속 씹으며 빠른 말투로 이야기를 이어갔다.

"아줌마! 근데 우리 할아버지가 누군지 알아요? 우리 할아버지는 이 학교 하우스 마이스터Hausmeister(건물 관리인)예요. 헤르Herr(Mr.) 침머만 알아요? 바로 우리 할아버지예요."

아! 그러고 보니 요나의 눈매랑 입술이 영락없이 헤르 침머만이랑 똑같구나. 등장만으로도 아이들을 조용히 시킬 수 있는 이 학교에서 유일한 분이라는 이야기를 다른 선생님에게서 들었던 적이 있었다. 늘 입술을 꾹 다문 채 군인을 연상시키는 절도 있는 동작으로 학교 곳곳을 둘러보는 모습을 보고 있노라면 그 이야기가 절로 이해가 갔다.

"우리 할아버지가 이 학교에서 얼마나 오래 일했는지 알아요?"

"글쎄다."

"26년요. 우리 할아버지는 학교에 뭐가 있는지 눈 감고도 찾는다고 했어요."

"그래? 대단하신걸."

내 이야기에 요나의 어깨가 으쓱한 것 같았다.

"요나! 넌 집에 가면 뭐 하고 놀아?"

"축구도 하고, 요즘은 피리도 배우는 데요. 아줌마! 여기 이거 보이죠?"

요나는 유치가 빠진 자리를 보이며 말을 이었다.

"여기 이 빠진 것 때문에 피리를 불 때마다 좀 아프긴 해요. 그런데 축구는 재밌어요. 요즘 하는 것 중에서 제일 재밌어요. 아줌마는 요즘 무슨 일이 제일 재밌어요?"

요나의 갑작스러운 질문에 나는 잠깐 멈칫했다. 살아오면서 누군가에게 이런 질문을 받아본 적이 있었던가.

"음… 아줌마는 요즘 음악 만드는 일이 제일 재미있어."

머뭇거리며 나는 대답했다.

"그럼 CD 있어요?"

"어?"

연달아 허를 찔리는 기분이었다.

"아니, 아직 없어."

"에이, 그럼 빨리 만들어야 해요. 우리 아빠가 그러는데요, 글 쓰는 게 재밌는 사람은 글 써서 책을 만들고, 음악 만드는 게 재밌는 사람은 음악을 CD로 만든대요. 그리고 아줌마는 벌써 좋은 거 하나 가지고 있잖아요."

"좋은 거 하나?"

나는 요나의 이야기를 이해할 수 없었다. 이 아이가 내 음악을 들어본 적이 없을 텐데…. 갸우뚱거리는 내 얼굴을 본 요나가 재빨리 말했다.

"아줌마! 기억 안 나요? 우리 반에 처음 왔을 때 아줌마가 만든

거 피아노로 쳤잖아요."

요나의 이야기를 들으며 기억을 더듬어보았다. 생각나는 일이 있었다. 원래 요나의 반에는 예전부터 반주를 맡아 하던 분이 계셨다. 마이어 선생님은 중년의 나이에도 늘씬한 몸매에 웨이브 진 옅은 갈색 머리 그리고 순정 만화 주인공이나 가질 법한 커다란 눈을 가진 분이었다. 거기다 늘 레이스가 하늘거리는 예쁜 옷을 입고 다녔는데, 그런 샤방샤방한 분만 보다가 검은색 폴라 티에 청바지, 그것도 모자라 검은색 가방까지 들쳐 메고 나타난 내가 아이들 눈에 반가울 리 없었다.

생애 8년을 살아온 아이들은 거침이 없었다. "마이어 선생님 다시 오면 안 돼요?" "마이어 선생님이랑 다시 바꾸면 안 돼요?" "아, 완전 실망이야." 어쩔 줄 몰라 가만히 서 있던 나와는 달리 크루거 선생님은 아주 여유로운 목소리로 아이들에게 말했다.

"애들아! 오늘부터 안겔라 선생님이 반주해주실 거야. 너희들 잘 모르겠지만, 선생님은 직접 곡도 만드신단다. 들어보고 싶지 않니?"

그렇게 선생님의 배려로 아이들 앞에서 내 곡을 피아노로 연주했다. 연주가 끝나자 아이들은 또 거침없이 킥을 날렸다. "정말로 직접 만든 거예요?" 선생님과 내가 웃음을 참지 못했던 그날의 일을 요나는 기억하고 있었던 거다.

"네가 듣기엔 괜찮았어?"

"네. 그러니까 빨리 만들어요!"

그러더니 요나는 깨끗하게 비운 접시를 들고 일어나며 말했다.

"나 이제 숙제하러 가야 해요. 먼저 갈게요."

요즘 무슨 일이 제일 재미있냐던 요나의 말이 머릿속에서 뱅뱅 맴돌았다. 나는 마음의 손을 길게 뻗어 요나의 말을 가슴 한 켠에 넣어두었다. 살면서 가끔 가슴 한 켠을 더듬어 꺼내 보고 싶을 때가 있을지도 모르겠다. 식당에서 교실로 돌아가는 길 중간에 하우스 마이스터의 방이 보였다. 할아버지의 커다란 책상에 앉아 숙제를 하고 있는 요나에게 손을 흔들어 보였다. 나를 본 요나가 연필을 쥔 손을 흔들어주었다.

꽁지머리 피아니스트
미카엘

수업 시작 전 크루거 선생님이 내게 악보 한 부를 내밀며 말했다.
"이 악보 한번 봐주시겠어요? 12학년 졸업작품 때 쓸 곡인데, 안 해도 됩니다만 만약 시간이 괜찮으시면 다른 반주자들이랑 나눠서 같이 해주실 수 있나 해서요."
내가 이미 다른 곡 편곡 작업을 시작했고, 그래서 딱히 시간이 많지 않다는 걸 아는 선생님이 조심스레 내게 물어왔다.
"음…. 이 곡은 미카엘이 하면 잘할 것 같은데요?"
힘 있는 연주가 필요한 곡이었고, 그런 곡을 잘할 사람으로 내 머릿속에 가장 먼저 미카엘이 떠올랐다.
미카엘은 나와 같은 발도르프 학교 반주자인데, 그가 몸이 안 좋아 요양차 휴가를 떠나면서 그 자리에 내가 대타로 들어오게 되었다. 복귀하겠다는 그의 말에 수업 시간표를 다 짜놓았는데 갑자기 못 하겠다는 연락이 왔고, 결국 미카엘이 맡기로 한 수업은 나와 다른 반주자들이 나눠서 맡아야 했다. 1년이 지났지만 그는 여전히 연락두절 상태였고, 어느 곳에 머무르는지조차 알 수 없었다. 가끔 크루거 선생님과 12학년 졸업작품 준비를 위한 이야기를 나눌 때면 나는 늘 미카엘 생각이 났고, 그때마다 그가 연락은 해왔는지 어떻게 지내는지 선생님께 여쭤보곤 했다. 다른 반주자들도 잘하지만, 미카엘은 특히 어려운 클래식 곡들을 시원시원하게 쳐내서 고학년 수업을 맡으면 잘할 것 같은 사람이기 때문이었다.

솔직히 고백하건대 미카엘을 처음 봤을 때 그에게서 씩 좋은 인상은 받지 못했다. 발도르프 학교에서 반주자를 구한다는 소식을 듣고 이력서를 제출하고 기다리던 중 연락이 왔다. 수업을 참관하고 오디션을 보라는 것이었다. 그곳에서 미카엘과 처음 만났다. 그를 대신할 반주자 후보가 나였다.

수업이 시작되기 전 미카엘은 나와 간단한 인사를 나눈 뒤 갑자기 피아노 앞에 앉아 빠른 속도로 음계를 훑어 내려갔다. 마치 피아노 조율사가 작업을 끝내고 확인하는 듯한 모습이었다. 그러고 나서 그는 몸을 틀어 내게 물었다.

"당신이 좋아하는 작곡가는 누구인가요?"

안 그래도 버쩍 얼어 있었는데, 미카엘의 질문은 내 머릿속을 더 하얗게 만들었다. 내가 별말 하지 않고 멍하니 서 있자 그는 연달아 질문을 퍼부었다.

"당신이 만약 12학년 수업을 맡게 되면 라흐마니노프의 곡 같은 것도 쳐야 하는데 할 수 있겠어요?"

질문이었지만 질문이 아니었다. 나는 어리바리한 표정으로 느릿느릿 말했다.

"글쎄요. 아직 쳐본 적이 없어서…."

내 대답에 그는 다시 피아노 앞에 바르게 앉아 라흐마니노프 곡들을 연주하기 시작했다. 크루거 선생님이 그때 교실로 들어오지 않았다면 미카엘의 연주와 질문은 더 길어졌을지도 모른다. 선생님을 본 미카엘은, 내가 자기 옆에 서 있고 게다가 아직 오디션을 보기 전임에도 불구하고, 선생님께 내가 어려운 곡들을 소화하지 못할 거라고 거침없이 이야기했다.

상대에 대한 최소한의 배려조차 찾아볼 수 없는 그에게 나는 화를 낼 마음의 여유조차 없었다. 다만 '아마도 그와 내가 친구가 될 가능성 같은 건 1퍼센트밖에 되지 않을 것 같다'고 속으로 중얼거릴 뿐이었다. 그렇게 브람스 곡을 엉망진창으로 연주하고 오디션을 망쳤다고 생각했는데 함께 일해보자는 연락이 왔다. 믿기지 않는 일이었다.

그 뒤로 나는 미카엘의 대타로 학교에서 일하기 시작했고, 동네 슈퍼마켓에서 우연히 두어 번 마주친 것 말고는 그를 본 적이 없었다. 몸은 좀 좋아졌냐고 묻는 내게 미카엘은 희미하게 웃으며 별로 나아지지 않았다고 했다. 창백한 얼굴에 두꺼운 안경을 쓰고 꽁지머리를 한 그가 그렇게 웃었던 모습이 떠오를 때면 내 마음이 편치 않았다. 크루거 선생님은 한숨을 푹 쉬며 이야기를 꺼냈다.

"내 인내심이 조금씩 바닥을 드러내고 있어요."

1년 동안 전화 한 통 없는 미카엘에게 선생님도 조금씩 지쳐가는 듯했다.

"내가 언제까지 보호해줄 수 있을지 모르겠어요…. 학교가 마냥 그를 기다려줄 수는 없을 것 같거든요."

그러면서 선생님은 미카엘에 대해 내가 알지 못했던 이야기들을 조심스레 전해주었다. 군인이었던 그의 아버지는 전쟁에 참전하고, 마음의 병을 얻게 되었다. 그로 인해 자식들을 구타했고, 미카엘과 그의 형은 아버지에 대한 트라우마를 가지게 되었다고 했다.

"나도 미카엘을 도와주고 싶어요. 그런데 내가 할 수 있는 일은 한계가 있거든요. 본인의 의지가 없으면 아무리 도와주려고 해도 소용이 없어요."

미카엘은 단순히 몸만 아픈 게 아니었다. 집으로 돌아가는 길, 자전거 페달이 유난히 무거웠다. 새 학기가 시작된 지 벌써 2주가 지났는데, 아무도 미카엘이 어디에 있는지 몰랐다. 시간이 더 지나가기 전에 거짓말처럼 그가 돌아왔으면 좋겠다. 창백한 얼굴에 두꺼운 안경을 쓰고 그때처럼 조금 거만한 말투로, 껄렁대는 듯한 자세로 "당신, 이제 라흐마니노프 좀 하나?" 하고 다시 물어봐줬으면 좋겠다.

그와 내가 친구가 될 가능성은 여전히 1퍼센트에 불과하겠지만 그가 시원시원하게 연주하는 라흐마니노프 곡을 듣고 싶고, "마음에 안 드네, 그 성격…" 하고 중얼거리게 될지언정 학교에서 다시 마주치고 싶다. 겨울이 조금, 아주 조금 느리게 왔으면 좋겠다.

내
어린 친구들

1

6월 중순에 있을 마리의 플루트 연주회 때 반주를 해주기로 했다. 이틀 전 일요일에 마리는 내게 언제 같이 연습할 수 있는지 물었고, 나는 화요일이 좋겠다고 했다. 요 며칠 갑자기 더워진 날씨 때문에 학교만 갔다 오면 바지만 입고 집에서 뒹굴거리던 아들이 마리가 온다는 말에 잽싸게 티셔츠에 양말까지 신고 나왔다. 이럴 때는 빛의 속도로 움직인다.

"저번에 한 번 같이 연습했던 그 곡이요…. 그건 이번에 안 하기로 했어요."

플루트를 꺼내 조립을 하며 마리가 말했다. 마리가 말한 그 곡은 재미는 있지만 까다롭고, 음들이 까칠해서 피아노 음과 플루트의 음이 반음 차이로 부딪쳤다. 마리도 재미 없어 했고, 솔직히 내

취향도 아니어서 나도 딱히 마음이 가지 않는 곡이었다.

"그 곡 대신 다른 곡으로 친구들이랑 같이 합주할 거니까 우리는 그냥 〈백조〉만 하면 돼요."

"그래? 알았어. 그럼 해보자."

카미유 생상스의 〈백조〉를 원곡보다 짧게 정리한 피아노 반주 악보 속 몇 음들이 멜로디와 맞지 않아서 나는 마리와 상의해 조금씩 바꿔 나갔다. 아름다운 멜로디지만 느리게 연주해야 하는 곡이라 긴 호흡을 해야 했고, 마리는 중간중간 어디에서 호흡을 끊을지 악보에 표시해가며 연습했다. 언제나 꼼꼼하게 모든 일을 처리하는 마리다웠다.

"마리! 와플 먹을래, 초코 과자 먹을래?"

집게손가락으로 툭 건드리면 바로 휙 하고 넘어질 것 같은 여린 몸매의 마리를 보면 나는 늘 뭐라도 먹여야 할 것 같은 강박관념에 시달린다. 마리는 한국식 표현으로, '입이 짧은 편'이라서 즐겨 먹는 음식이 많지 않았고, 그나마도 양이 적다. 그래서 한나는 딸의 입에서 "이것 맛있어, 엄마" 하는 말이 튀어나오면 그게 빵이든 과자든 잼이든 바로바로 구해놓기 바빴다.

"와플요."

연습이 끝나고 오렌지 주스랑 와플을 먹는 마리를 보던 내 눈이 마리의 팔뚝에 그려진 초록색 커다란 사각형 네 개에 멈췄다.

"근데 이건 뭐야?"

똑같은 크기의 사각형들은 마치 바코드를 크게 확대해놓은 것처럼 보였다.

"음…."

몇 초 동안 수줍게 웃던 마리가 입을 열었다.

"제가 그린 거예요."

"네가 그렸어?"

"네."

"언제?"

"불어 시간에요."

자로 잰 듯 반듯한 모범생 마리가 지루한 표정으로 수업시간에 제 팔뚝에다 사인펜으로 커다란 사각형 네 개를 그리는 모습이 머릿속에 그려지는 순간 정말 웃음이 터질 것 같았다.

"불어 선생님이 엄하셔?"

"아니요. 근데 좀 지루해요."

마리의 대답을 듣던 나도, 대답을 하던 마리도 같이 크크크 웃었다.

"프라우 마리Frau Marie!"○

마리를 집에 바래다주는 길, 나는 마리의 이름을 부르며 팔짱을

○ 프라우는 미즈Ms라는 뜻이다. 그래서 이 말 뒤엔 성씨가 따라오는 게 원칙인데, 나와 친구들은 이렇게 가끔 장난치며 이름을 갖다 붙이기도 한다.

껐다. 아이가 수줍게 웃었다. 초등학교 입학식 때 보았던, 양 갈래로 머리를 땋아 늘어뜨렸던 여섯 살 소녀가 이제 내 키만큼 자랐다. 팔짱을 끼고 걷는 동안 우리는 누가 먼저랄 것 없이 둘 다 생상스의 〈백조〉를 흥얼거렸다. 횡단보도를 건너서 마리네 집 골목길에 들어서는 순간 우리가 허밍으로 부르던 음악도 끝났다.
"오! 이렇게 딱 떨어지네."
"그러게요."
마리가 배시시 웃었다.
"잘 가!"
마리와 포옹하고 가녀린 어깨를 다독거려 주었다. 고개를 끄덕이던 마리가 뒤돌아 걸어갔다.

2

"노라 존스의 노래 한번 불러볼 생각은 없어?" 마리의 생일파티에서 만난 파비안에게 넌지시 물어보았다. 파비안은 늘 공연 때면 록 음악을 부르는데, 나는 왠지 파비안의 목소리에는 발라드가 어울릴 것 같았다.
"노라 존스 노래 좋지, 그럼 네가 피아노 쳐줄거야?"
"그럼."
파비안과 나는 우선 어느 곡을 연습할지 같이 만나 의논하기로 했고, 옆에서 우리가 나누는 이야기를 듣던 비올라는 겸사겸사 다

같이 모여 저녁을 먹고, 와인도 한잔하자며 한나와 야나의 가족도 불렀다.

모이기로 약속한 날, 비올라의 집 식탁에는 빵과 절인 올리브, 버터와 여러 종류의 무스가 차려져 있었다. 비올라와 파비안 그리고 두 딸인 로타와 요한나, 한나와 딸 마리, 야나의 딸 칼리, 그렇게 모두 식탁에 둘러앉아 이야기를 시작하는데, 분위기가 우리 집과 몹시 달랐다. 남편은 원래 입에 본드를 바른 것처럼 말이 없는 사람이고, 사춘기에 접어든 아들도 예전처럼 이야기를 많이 하지 않아서 우리 집은 늘 조용한데, 여자아이 넷이 식탁에 앉아 이야기를 시작하니 그 수다가 음악 소리처럼 들렸다.

"요한나! 우리 딸기 먹을까?"

식사가 끝나갈 무렵 나는 요한나에게 말했다. 내 이야기를 듣던 요한나가 함박웃음을 지으며 고개를 끄덕였다. 나는 요한나와 같이 싱크대에서 딸기를 씻었다. 내가 씻은 딸기를 요한나에게 전해 주면 요한나는 딸기를 하나씩 파란색 접시 위에 올려놓았다.

"설탕가루 있어?"

"네."

"몸에는 안 좋겠지만, 딸기 위에 설탕가루 뿌리면 맛있지 않아?"

"맛있죠, 맛있죠."

요한나는 웃으며 빨간 딸기 위에 눈처럼 하얀 설탕가루를 뿌렸다. 그러고는 와플 위에 딸기를 얹고 그 위에 또 설탕가루를 잔뜩 뿌려 한입 가득 베어 먹었다. 마지막 남은 와플을 반으로 자른 요한나가 반쪽을 내게 건네주었다.

"아냐, 너 먹어. 난 괜찮아."

"나도 괜찮아요, 충분히 먹었어요."

나는 요한나가 준 와플을 천천히 먹었다. 맞은 편에 앉은, 훌쩍 큰 요한나를 보니 예전에 비올라가 내게 한 이야기가 생각났다.

"요한나가 그러는 거야. 자긴 나중에 음악가가 되고 싶긴 한데, 자기가 아는 음악가들이 죄다 일찍 세상을 떠나서 자기도 혹시 음악을 하면 그렇게 되는 것 아닐까 걱정이 된대. 그래서 우리가 말해주었지. '안겔라 있잖아, 안겔라 봐봐!' 하고."

그 타이밍에 왜 내 이야기가 나왔는지는 잘 모르겠지만, 짐작건대 나는 요한나가 알고 있는 모차르트보다 나이가 훨씬 많고, 그런데도 아직 살아 있고, 유명하지는 않지만 요한나의 마음에 드는 음악을 만들고 있으니까 그런 것 아니었을까. 훗날 내가 이곳을 떠나 다른 곳에 살게 된다면, 그리고 아주 아주 많은 시간이 지난다면, 어른이 된 요한나는 나를 어떻게 기억해줄까? 오늘 우리가 같이 설탕가루를 잔뜩 뿌린 딸기와 와플을 먹은 일을 기억해줄까?

"잘 자, 요한나!"

잠이 잔뜩 내려앉은 눈으로 나를 바라보는 요한나를 안으며 인사를 했다. 잘 자기를, 꿈속에서도 맛있는 딸기를 먹으며 즐거워하기를, 모차르트보다 오래 살면서 하고 싶은 음악을 만들고 재미있게 살기를. 나는 설탕가루만큼이나 작은, 수천 가지의 축복을 요한나의 마음에 뿌려주었다.

  비올라의 집을 나섰다. 차가운 밤하늘에 드문드문 별들이 보였다.

음악 창작노트 4
♩ 숲, 헨젤과 그레텔이 길을 잃었던
♪ 비가 내려요

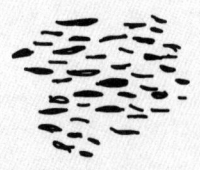

1

처음 친구들과 같이 존발트Soonwald 캠프장에 갔을 때였다.

"우리 저녁 산책 가자."

저녁을 먹고 난 후 다들 숙소 소파에 느긋하게 널브러져 있는데 비비아나가 말했다.

"저녁 산책?"

나는 눈이 휘둥그레져서 되물었다. 말이 저녁 산책이지 독일의 늦가을 저녁은 깜깜한 밤이나 다를 바 없는데, 이 늦은 시간에 숲속을 헤매자는 말이 아닌가.

"응, 조용하니 아주 좋을 거야."

늦은 밤 숲에서 마주칠 수 있는 수많은 존재가 머릿속에 마구 떠올랐다. 길게 자란 풀들 사이로 갑자기 튀어나오는 뱀, 날카로운 이빨을 가진 늑대, 무서운 벌레들, 생각만으로도 머리털이 삐죽 서는 것 같았다. 내 머릿속 상상의 숲을 아는지 모르는지 비비아나는 덧붙여 말했다.

"비상용으로 손전등을 가져가기는 하는데, 걷는 동안은 켜지 말고."

손전등을 켜도 무서울 숲속을 불빛 없이 걷게 된다 생각하니 조금은 걱정이 되었다.

"전등 없이요? 그럼 어떻게 걸어요?"

아이들의 질문이 쏟아졌다.

"우리가 걸을 수 있을 만큼은 충분히 밝을 거야. 그리고 시간이 지나면 손전등 없이도 잘 볼 수 있을 거고. 다 괜찮을 테니까 걱정 말고. 자, 나가보자. 애들아!"

한나와 비비아나는 투덜거리는 아이들을 데리고 캠핑장 숙소를 출발했다. 어른인 나까지 투덜거릴 수는 없어서 나는 아무렇지 않은 척 털레털레 길을 따라나섰다. 산책길을 나서자마자 아이들은 손전등을 켰다 껐다 하며 불안한 마음을 드러냈다. 그럴 때마다 한나와 비비아나 그리고 코니는 침착하게 아이들에게 말했다.

"지금은 잘 안 보이겠지만, 조금만 지나면 잘 보일 거야. 기다려 봐."

나는 마리의 손을 잡고 걸었다. 아이들의 손에서 전해진 따듯한 온기가 차가운 밤공기에 얼어버린 손과 불안한 마음을 녹여주는 것 같았다. 한참을 걸어 우리는 조그만 언덕 같은 곳에 도착했다. 언덕 아래 저 멀리 모래알같이 작은 불빛들이 빛나고 있었다. 한나가 아이들에게 말했다.

"얘들아! 지금부터 우리 잠깐 눈 감고 조용히, 아무 말 없이 가만히 있어보자."

침묵의 시간. 노아와 막심이 장난스레 한마디씩 툭툭 던졌지만 곧 주위는 조용해졌다. 캄캄한 숲속에서 아무 말 없이 조용히 서 있던 순간, 아마도 낮에는 들을 수 없었을 많은 소리가 들려왔다.

"이건 부엉이 소리야?"

"이거 늑대 소리 아니야?"

모든 것이 궁금한 조이가 한나의 귓가에 속삭이는 소리, 살포시 발걸음을 옮길 때 신발에 끌리는 낙엽 소리, 멀리서 들려오는 부엉이 울음소리 그리고 늑대 울음소리. 눈을 감고 있었지만 어둠 속에서 들려오는 소리들에 대한 두려움은 별로 느껴지지 않았다.

내 손에 꼭 쥐어져 있던 손전등은 어느 순간 내 손을 떠나 외투 주머니 속에서 혼자 뒹굴고 있었다. 풀 사이로 갑자기 뱀이 튀어나오지 않을까 걱정하던 마음도 사라졌다. 어둠 속에 혼자 있는 게 아니라는 사실이, 누군가와 함께 있다는 사실이 위안이 된 것인지도 모른다. 어떤 충격도 흡수할 수 있는 두툼한 쿠션을 가슴에 안은 듯 안심이 되는 그런 위안 말이다. 나는 숨을 크게 들이마셨다. 풀 냄새가 가득 밴 공기가 가슴속으로 들어왔다.

숙소로 돌아오는 길은 발걸음이 한결 가벼웠다. 처음엔 보이지 않던 숲의 많은 것이 그제야 눈에 들어왔다. 길바닥에 떨어져 있는 나뭇잎 하나도 알아챌 만큼 내 눈은 커져 있었다. 어둠에 대한 두려움을 견디고 한 발, 한 발 내디딘 것에 대해 내 몸이 주는 선물이었다. 나는 그 선물을 기꺼이 즐겼다. 숲에 서 있는 나무의 가지들과 잎들, 까만 하늘을 올려다보며 천천히 걸음을 옮겼다. 캠핑장에 들어서자 아이들은 손에 들고 있던 전등으로 하늘 위에 그림을 그리며 놀았다. 따듯하게 데운 와인을 두 손으로 감싸 안고 소파 위에 앉았다. 헨젤과 그레텔이 길을 잃었던 바로 그 숲이 아니었을까 싶었던 키 큰 나무들이 빽빽하게 서 있던 숲, 그리고 그곳에서 걸었던 시간이 꿈처럼 어깨 위로 내려앉았다. 그렇게 두 눈이 스르르 감겼다.

2

아들이 초등학생일 때 나는 매일 학교 정문 앞에서 하교하는 아들을 기다리곤 했다. 독일의 초등학교는 4년제인데, 그 4년 동안 시간 맞춰 아들을 기다렸고, 그럴 때면 그곳에서 늘 한나와 비올라를 만나 아이들이 나올 때까지 수다를 떨었다. 비가 오는 날이면 우리는 학교 안 건물 사이에 연결된 긴 지붕 밑에서 아이들을 기다렸는데, 어른들이 수다를 떠는 동안 엄마, 아빠를 따라온 어린 아이들은 우산을 들고 학교 마당에서 뛰어놀곤 했다.

그날도 비가 내리고 있었다. 아들과 같은 반 친구인 마리의 어린 남동생이 우산을 들고 지붕 처마 밑에 서서 우산 위로 뚝뚝 떨어지는 빗방울 소리를 들으며 즐거워하고 있었다. 우산을 들고 처마 밑에 섰다가 지붕 밑으로 들어왔다가 하면, 아이의 작은 우산 위에 떨어지던 빗방울 소리는 마치 음악처럼 들렸다. 두두둑, 쉼표, 두두둑, 쉼표, 빗소리로 음악을 연주하던 그 아이는 잠깐 무언가를 생각하는 듯하더니 우산을 뒤집어 빗물을 받기 시작했다. 그러자 아이의 머리 위로 빗물이 떨어졌다. 두 손으로 우산을 거꾸로 들어 빗물을 받던 아이는 어느 순간 자기에게 떨어지는 빗줄기를 향해 고개를 들어 혀를 내밀었다. 그러고는 아주 달게 그 빗물을 삼켰다.

비가 내리면 어른들은 슬픈 음악을 찾아 듣고, 멜랑콜리한 기분에 젖어 드는데, 아이들은 비가 내리면 우의를 입고 장화를 신고 밖으로 나간다. 우산 위로 떨어지는 비도, 길가 웅덩이에 고인 빗물도 모두 아이의 놀이 세계에 초대된다. 아이들은 우산으로 빗물을 받아내기도 하고, 때론 우산을 치우고 고개를 젖혀 쏟아지는 비를 정면으로 맞기도 하고, 혀를 내밀어 맛을 보기도 한다. 자신을 향해 쏟아지는 것들을 마주할 용기는 슬프게도 나이와 반비례하는 걸까? 지금도 비가 내리면 나는 그때 그 아이의 모습이 떠오른다. 그리고 노란 비옷을 입고 뛰어다니던, 작지만 두려움이 없었던 아들의 모습도.

에필로그

우리는 결국 모두
이방인입니다

이 글을 쓰고 있는 지금, 저는 트리어를 떠나 독일 다른 도시로의 이사를 앞두고 있습니다. "이곳에서 살게 되었다고" 울었는데, 이제는 "이곳을 떠나게 되었다"고 눈물을 흘리고 있습니다. 생각해보니 정말 많은 일이 있었습니다.

제게 던져졌던 수많은 질문을 마주했던 지난 10여 년은 쉽지 않은 시간이었지만, 많은 것을 배운 소중한 기회였습니다. 그리고 스스로 자신을 돌아보고 성찰하지 않으면 세상 모든 이상과 이념은 본래 모습을 쉽게 잃어버린다는 것을, 이는 한국이든 독일이든 어딜 가나 마찬가지라는 것을 깨닫는 시간이기도 했습니다. 무언가를 안다고 생각했지만 실은 모르고 있었다는 것을 깨닫거나, 예전에 미처 생각지 못했던 부분들을 다시 들여다볼 기회를 가진다는 건 삶의 큰 축복이기도 하다는 생각이 듭니다. 이곳에 처음 왔을 때 30대였던 저는 지금보다 훨씬 더 어리석고, 미숙한 인간이었습니다. 그러던 제가 이국땅에서 여러 가지 일을 겪으면서 예전의 모습을 돌아보고, 이제는 아들이 살아갈 세상을 생각하고 있습니다. 그 세상이 지금보다는 조금 더 나아지기를, 아니 더 이상 나빠지는 일이 없기를 바라는 마음으로요. 저 같은 평범한 사람들이 서로의 이야기에 귀를 기울이고, 같이 웃고, 같이 울며 공감해 나갈 때 좀 더 나은 세상을 만들어갈 힘이, 부조리한 세상을 바꿔 나갈 힘이 생긴다고 믿습니다. 제가 겪은 일들을 있는 힘을 다해 털어놓는 이유입니다.

길을 가다 우연히 누군가의 자동차에 붙어 있는 스티커를 본 적이 있습니다. 거기엔 이렇게 적혀 있었습니다. "우리는 모두 외국인이다." 살던 곳을 떠나는 순간 누구나 이방인이 되는 것이겠지요. 아니, 어쩜 우리는 자신이 태어난 나라에서조차 이방인으로 살고 있는지도 모릅니다. 매 순간 사람들은 서로 같은 점을 찾기보다는 다른 점을 찾아 분류하고, 분류되고, 차별받고 있는 것 같습니다. 나는 시험을 통과한 정규직, 너는 시험을 치르지 않은 비정규직, 내 아파트는 ○○○, 너는 임대…. 일일이 열거하기조차 힘든, 그 '다르다'는 잣대. 우리는 우리가 살고 있는 세상에서 늘 이방인으로 살아가고 있는 것 아닐까 싶습니다.

저는 정말 운이 좋았습니다. 이 숨 막히는 도시에 신이 떨어뜨려 놓은 행운의 동전을 발견하고 냉큼 주웠거든요. 한나와 야나, 비올라는 돈으로는 환산할 수 없는 제 인생의 행운입니다. 사람으로 인한 상처는 사람으로 치유가 된다는 걸 이 친구들 덕분에 깨달았습니다. 그 좋은 친구들의 곁에서 제가 숨을 쉬고 살듯, 제가 누군가에게 그런 존재가 되기를, 우리 서로가 서로에게 그런 존재가 되기를 감히 바라봅니다.